Vaterland und Sozialdemokratie

Von

L. Radlof

München und Leipzig
Verlag von Duncker & Humblot
1915

Alle Rechte vorbehalten

Altenburg
Pierersche Hofbuchdruckerei
Stephan Geibel & Co.

Vorwort

Ein Hauptgedanke soll sich durch dies Büchlein ziehen: Aus der Entwicklungsgeschichte der deutschen Sozialdemokratie will ich nachweisen, daß das „Endziel" mehr und mehr in den Hintergrund gerückt ist, wenn auch die Betonung dieses besonders in Zeiten stark reaktionärer Erscheinungen immer wieder als „Erlösung aus dem kapitalistischen Joch" angepriesen wird. Die wohl stärkste Beeinflusserin der Sozialdemokratie ist die moderne Gewerkschaftsbewegung geworden, die für ihre kluge Tagespolitik das Beispiel gab und für alle Maßnahmen mit Entschiedenheit eintrat, die wir unter dem Sammelbegriff „Sozialreform" verstehen. Der Krieg, der auch die Sozialdemokratie am rechten Platz gezeigt hat, wird auch die bürgerlichen Klassen gelehrt haben, daß am Patriotismus dieser großen Partei in entscheidenden, die Lebensfragen der Nation berührenden Fragen nicht zu zweifeln ist. Der Sozialismus als Endziel verschwimmt in weiter Ferne, die sozialistische Internationale, die nach dem Kriege wohl wieder aufleben wird, wird sich der Grenzen ihrer Aufgaben stärker denn je bewußt werden.

Die bürgerlichen Klassen sollten deshalb nicht unnötig störend in den Entwicklungsgang der Sozialdemokratie eingreifen, sondern die Sozialreform nach Möglichkeit zu fördern suchen.

Wir gehen nicht, oder zur Zeit noch nicht, dem Sozialismus, sondern einer kapitalistisch-imperialistischen Epoche entgegen, in der auch die deutsche Arbeiterklasse gebraucht wird. Wenn das Ziel der deutschen Politik darin gipfelt, nicht nach Weltherrschaft zu streben, sondern die Bahn frei zu machen für die deutsche W e l t a r b e i t — um mit Paul Rohrbach zu reden —, so können wir zufrieden sein.

In diesem bescheidenen Rahmen möge diese Schrift ihre Wirkung ausüben.

Der Verfasser.

Inhaltsverzeichnis

		Seite
1.	Vom kommunistischen Manifest bis zum Erfurter Programm	1
2.	Die Alten und die Jungen um 1890	11
3.	Der Hannoversche Parteitag	18
4.	Die Abrechnung in Dresden	26
5.	Das „militaristische" Deutschland	30
6.	Kolonialpolitisches	38
7.	Der politische Massenstreik	45
8.	Sozialdemokratie und Gewerkschaftsbewegung	57
9.	Der Traum vom Endziel	70
10.	Vaterland und Sozialdemokratie	83

Vom Kommunistischen Manifest bis zum sozialdemokratischen Programm in Erfurt (1847—1891)

Wie wuchtiger Hammerschlag und schöne Musik klingt uns die Sprache des Kommunistischen Manifestes entgegen. Was Karl Marx und Friedrich Engels in diesem als ihr Glaubensbekenntnis unmittelbar vor Ausbruch der deutschen Revolution (1848) veröffentlicht haben und aller Welt mitteilten, das will uns jetzt recht anachronistisch anmuten — wenn wir nämlich die kapitalistische Welt heute im Weltkriege betrachten. Die beiden großen Denker des Sozialismus entwarfen von dem damals noch in den Kinderschuhen steckenden Kapitalismus ein ungeheuer düsteres Gemälde, wie es vielleicht der Pinsel eines Michelangelo nicht besser entwerfen konnte. Werner Sombart sagt darüber in seinem „Lebenswerk über Marx", daß das Kommunistische Manifest durchglüht sei von revolutionärem Feuer, daß es wie ein hohes Lied der Revolution klinge. Gewiß, die Revolution kam im Jahre 1848 und fegte wie ein Gewitter und Erdbeben über die deutsche Scholle; aber Tatsache war, daß sich der kapitalistische Werdeprozeß an allen Ecken und Enden kundgab, und daß mit manch altem Plunder aus der vormärzlichen Zeit aufgeräumt wurde — mochte auch die Reaktion nach den denkwürdigen Tagen um so kühner ihr Haupt erheben. Es war ja nicht die Revolution des Proletariats, sondern die des Bürgertums, das nach mehr Rechten für die kapitalistische Expansion förmlich schrie. Ein sozialistisches Proletariat gab es damals überhaupt noch nicht — das sollte erst viel später in Sturm und Drang geboren werden. Der Führer war allerdings schon da — Ferdinand Laffalle. Seine Hauptaufgabe bestand darin, alles das, was sich bisher um die Fortschrittspartei an Arbeitern geschart hatte, loszulösen und auf eigene Füße zu stellen. Daß es gelang und wie es gelang, soll hier nicht geschildert werden. Zunächst entspann sich zwischen Junkertum und Bürgertum nach der Revolution ein wunderliches Spiel um den Anteil an der Herrschaft. Um Verfassung und Verwaltung ging es nicht nur, sondern um die ungebundene Entfaltung des kapitalistischen Werdens. Wir können die Kämpfe zwischen der Fortschrittspartei und Bismarck um die Militärvorlagen in den Jahren 1861—1864 übergehen. Bismarck wollte das Bürgertum in seiner gewerblich-industriellen Tätigkeit durchaus nicht einengen. Die Zeit mußte aber erst dafür reif sein. Bismarcks Hochziele waren zunächst, mit Dänemark, Österreich und Frankreich fertig zu werden, den nationalen Einheitsstaat zu schaffen.

Das Bürgertum hat Bismarck lange Zeit scharf bekämpft, die Verfassungskämpfe der 60er Jahre sind bekannt. Das Bürgertum fand sich damit ab und legte sich vor allem darauf, in seinem industriellen Wachstum nicht gestört zu werden. Die Gewerbefreiheit kam 1869 und damit die Zeit, wo es sich auf dem ihm warm und vertraut gewordenen Gebiete nach Herzenslust tummeln konnte. Die Versöhnung zwischen Bismarck und dem kapitalistischen Bürgertum kam denn auch bald zustande. Daß Bismarck dann noch das Reichstagswahlrecht „in die Pfanne haute", um alle Glieder des deutschen Volkes erzbereit zu machen und mit Blut und Eisen den nationalen Einheitsstaat gegen den Willen Frankreichs zu schaffen, ist nicht minder bekannt. Dieses grandiose Werk wird mit Bismarcks Namen für ewig verknüpft bleiben.

Nebenher kam aber auch die Sozialdemokratie ans Licht. Immer größere Scharen stießen zu ihr und versuchten ihren Anteil an den Staats- und Verwaltungsrechten zu erheischen. Die im Kommunistischen Manifest angekündigte Revolution kam aber immer noch nicht. Ein Jahrzehnt nach dem andern verging. Das Bürgertum hatte, um mit Freiligrath zu reden, alles „verzettelt und verloren". Das Bürgertum wollte von der Revolution, die sich im „wehenden Lockenhaar" nahen sollte, nichts wissen. Es war zufrieden, wenn man ihm für den sich ausbreitenden Kapitalismus alle nur denkbaren Rechte einräumte. Diese waren sehr vielseitiger Natur.

Das utopische Gemälde des Kommunistischen Manifestes konnte zudem, so herrlich uns auch die neue sozialistische Gesellschaft angekündigt wurde, auf Erfüllung nicht rechnen.

Karl Marx hat in den 50er Jahren in seiner „Kritik der politischen Ökonomie" und später in seinem „Kapital" (erster Band 1867) auf Grund eines ungeheuren Materials und mit einem unvergleichlichen Scharfsinn, wie er nur ganz großen Denkern eigen ist, den Entwicklungsprozeß des Kapitalismus geschildert. Selbst die allerfeinsten Äderchen des Kapitalismus wußte er bloßzulegen. Und doch ist es sicher, daß seine starke theoretische Gabe ihn dazu verführte, in manchen wichtigen Fragen die Wirklichkeit zu übersehen. Wie er in seinem Vorwort zum „Kapital" bekennt, wollte er nur das kapitalistische Zeitalter beschreiben. Er unterließ es absichtlich, ein Bild der Zukunft zu entwerfen, wie er und seine Freunde sie im freien Sozialismus erblickten.

Welcher Abstand nun zwischen 1867 und 1915! Marx hat die Früchte seiner Arbeit in Jahrzehnten gepflückt. Ist es nicht selbstverständlich, daß da vieles überlebt und veraltet sein muß? Seine Epigonen haben das auch eingesehen und rüstig weiter gebaut. Karl Kautsky, Ed. Bernstein sind vornehmlich seine theoretischen Nachfolger. Wir werden darauf noch in andern Kapiteln zu sprechen kommen.

Die Jugendgeschichte der Sozialdemokratie ist erfüllt von Idealen. Gegen die kapitalistische Gesellschaft, gegen ihre furchtbaren Ausbeutungsmethoden, gegen viele Härten mancher staatlicher Einrichtungen sendet sie ihre Pfeile. In blendendem Schein stellt sie ihr Idol auf und verheißt allen Mühseligen und Beladenen die Erlösung aus Knechtschaft und Not; Freiheit, Gleichheit, Brüderlichkeit steht auf dem Banner, das sie aufgepflanzt der ganzen Welt entgegenhält. Sie hat dafür bitter büßen müssen. Die schwersten Strafen wurden über diejenigen verhängt, die sich vermaßen, gegen den Stachel der kapitalistischen Welt zu löcken. In der rauhen Wirklichkeit erwärmten sich ihre Anhänger um so mehr an ihren Idealen, je schärfer sie von der Kapitalistenklasse angegriffen, verfolgt und ins Ausland vertrieben wurden. Der Arbeiter vor, um und gleich nach 1870/71 wurde nur mit dem Gedanken an die endgültige und baldige Erlösung aus den Fesseln der kapitalistischen Gesellschaft an den Sozialismus um so fester gekittet.

Innerhalb der Sozialdemokratie sehen wir scharfe Auseinandersetzungen, die schon bestanden, als Bebel und Liebknecht auf der einen und Schweitzer und seine Anhänger auf der andern Seite um die Führung rangen. Den Vorwärtsstürmern Bebel und Liebknecht wollte der behagliche Trott nicht gefallen. Heute müssen wohl beide Teile zugeben, daß Schweitzer einen sehr weiten, realpolitischen Blick hatte, der genau wußte, wie das Ausmaß an Rechten durch Staat und kapitalistische Vertreter beschaffen sein konnte und mußte.

Die Einigung beider Richtungen geschah erst in Gotha. Ohne Kanten und Schärfen ging es nicht ab. Zu der Einigung trug erheblich der Umstand bei, daß das reaktionäre Treiben gegen die Arbeiterbewegung in Hochblüte stand. Es sollte noch schlimmer kommen.

Das Sozialistengesetz von 1878 vernichtete mit einem Schlage alle Hoffnungen auf ein gedeihliches Vorwärtsschreiten der Bewegung. Mit Hochdruck wurde gegen die erklärten Führer der Sozialdemokratie gearbeitet. Wie viele Väter brotlos wurden, wie viele Qualen die einzelnen über sich und ihre Lieben ergehen lassen mußten, das sei hier ungeschildert. Genug, daß die Ära Tessendorf nicht vermochte, den jungen Baum der Arbeiterbewegung zum Verdorren zu bringen, daß auch dieser Messiasgang einmal enden mußte. Unter dem Sozialistengesetz setzte innerhalb der Sozialdemokratie ein heftiger Kampf um das Niederringen des Sozialistengesetzes, um die Wiederaufrichtung der Organisationen ein. Mit beispielloser Treue wurde gearbeitet. Dem Ideal des Sozialismus wurden alle Opfer gebracht — Glück und Wohlstand. In kleinen Zirkeln wurde die Flamme genährt, wurde ein Netz von Blütenträumen gesponnen, wurde alles an alles gesetzt. Es war doch eine schöne Zeit!

Mit Bismarck stürzte auch das Sozialistengesetz. Das war im Jahre 1890. Der junge Kaiser wollte es in Liebe und Güte versuchen. Er stieß indes auf so große Schwierigkeiten, daß er schließlich alle Versöhnungsversuche aufgab und in bitteren Worten sich über die „vaterlandslosen Gesellen" Luft machte. Molkenbuhr prägte einmal in einer Polemik mit H. v. Gerlach das Wort: Sollen wir etwa den Stiefel küssen, der uns so lange geschlagen? Ob er recht hatte?

Die Kaiserlichen Botschaften von 1881—1883 sollten die Versöhnung zwischen dem Staat und der Arbeiterklasse bringen. Man schuf deshalb die Sozialreform. Die Sozialdemokratie lehnte sie ab, weil sie ihr nicht weit genug ging. Durch diese Haltung zog sie die Massen nicht etwa ab, sondern an und verhieß ihnen alles in weit besserer Weise, wenn sie zur Herrschaft kommen würde.

Bebel war, um mit Naumann zu reden, der Romantiker der Revolution. Durch alle seine Schriften zog sich der Gedanke, daß das Reich der Gerechtigkeit bald anbrechen werde. Der Zusammenbruch der kapitalistischen Gesellschaft könne nicht mehr aufgehalten werden. Während die Auguren lächelten, zog Bebel durch die Lande, erklärte sich als Todfeind der bürgerlichen Gesellschaft, der er bis an sein Lebensende bleiben wollte. Die Arbeitermassen jubelten ihm zu und erklärten sich mit ihm solidarisch. Der ungeheure Einfluß Bebels auf die Arbeitermassen ist daraus zu erklären, weil er nicht nur, um wiederum mit Naumann zu reden, volkswirtschaftlich zu dichten verstand, sondern mit glühender Begeisterung die Herzen der Hörerschaft zu sich emporriß. Der geborene Führer der Arbeiter enthob auf einige Stunden die Mühseligen und Beladenen der Augenblicksnot. Glückselig schauten die Massen zu ihm auf: Das ist ein Mann, der ist unser!

Die beiden Richtungen in der Partei tauchten nach dem Falle des Sozialistengesetzes wieder auf. Die Periode des utopischen Denkens war noch nicht vorüber. Die Sozialdemokratie verneinte alles, was vom Staat kam. Damit entsprach sie den Wünschen der Massen. Verfolgung und Reform waren schlechte Mittel, um ausgleichend zu wirken. Wenn die Regierung, die jeweilig am Ruder war, erklärte, für die Arbeiter alles, für die Sozialdemokratie nichts tun zu wollen, so bewies sie damit nur, daß sie die intimen Regungen der Arbeiterseele nicht verstand. Die Sozialdemokratie hatte sich immer mehr in das Herz der

Arbeiter hineingeredet, hineingeschrieben, hineingetatet. Kein Opfer war groß genug, um es nicht für die Arbeiter zu bringen.

Ohne Zweifel haben den Arbeitern die verzauberten Bilder Bebels vor Augen geschwebt, haben sie sich getränkt und gesättigt mit den Idealen, die zum Sozialismus führen müssen. 25 Jahre Arbeiterbewegung — seit 1863 — waren verflossen, eine Zeitepoche glänzender industrieller und gewerblicher Tätigkeit, eine Zeit umwälzender staatlicher Ausbreitung. Deutschland war eine anerkannte Großmacht auf dem Kontinent geworden. Die verschiedenen Klassen der Bevölkerung hatten ihre Rechte bekommen, nur für die Arbeiterbewegung war kein Platz an der Sonne.

Weshalb schmälerte man ihr das Licht, benahm ihr die Aussicht auf ein gesundes, lebenbejahendes und freudiges Dasein? War sie nicht auch mit dem Dasein der Nation verknüpft, schuf sie nicht mit die hohen Werte, die Deutschland auf dem Weltmarkte immer angesehener machten, die es ermöglichte, daß es über die Grenzen sah, um sich neue Absatzgebiete zu erschließen?

Staat und Arbeiterschaft verstanden sich nicht. Sie waren noch nie beisammen gewesen, hatten ihre Wesenszüge noch nie erkannt, hatten sich in einen dicken Pelz eingehüllt und einander den Rücken zugewendet.

Von wem mußte der Anfang gemacht werden?

Der Staat lockte, gewiß, aber etwa die Sozialdemokratie? Nein, nur die Arbeiterschaft.

Diese zerfiel aber selbst in verschiedene politische Bestandteile, die sich im Laufe der Jahre noch schärfer herausbilden sollten. Man denke nur an die katholische, christliche und Hirsch=Dunckersche Arbeiterbewegung. Deren leitende Grundsätze widersprachen dem Gedanken eines gemeinsamen Zusammenarbeitens durchaus nicht. Wenn es auch mal hart auf hart ging, so vertrugen sich beide Teile wieder bald. Anders die Sozialdemokratie, die von ihren Prinzipien, um die sie heiß und bitter gefochten und viel Elend hatte erdulden müssen, kein Jota ablassen wollte.

Kein Paktieren mit dem Staat, der bürgerlichen Gesellschaft, die durch und durch verfault war und die eines schönen Tages in sich zusammenstürzen werde . . .

1890 gab sich die Sozialdemokratie in Halle ein Programm. Der alte Liebknecht erläuterte es. Es fordert viel; ein Zeitpunkt, wann es durchgesetzt werden könnte, wurde nicht angegeben. Der Alte stand damals in der Fülle seiner Kraft, und mit Schwung schilderte er die soziale Erlösung von dem Übel der bürgerlichen Gesellschaft. Es ist nicht nötig, auf die Einzelheiten der von ihm erläuterten Programmpunkte einzugehen. Mit Stolz verzeichnet das Parteitagsprotokoll von Halle a. d. Saale die Tatsache, daß, während die Partei 1878 nur 437 000 Wahlstimmen musterten, diese 1890 auf 1 427 000 Stimmen anschwollen. Das Programm wurde übrigens erst in Erfurt 1891 angenommen. Es ist seinem ganzen Charakter nach schärfer als das des Einigungskongresses von 1875 in Gotha! Man konnte und wollte das Sozialistengesetz nicht vergessen! Die herrschenden Klassen in Deutschland sollten erfahren, daß die Sozial=

demokratie von ihrem „Endziel" nicht abließ. Die Taktik der Partei sollte den Gegensatz zum kapitalistischen Bürgertum so scharf wie möglich widerspiegeln. Also keine Überbrückung der Gegensätze! Nichtsdestoweniger sollte alles mitgenommen werden, was man kriegen könnte. Je mehr, desto besser.

Die Alten und die Jungen

Wir würden gegen die Chroniſtenpflicht verſtoßen, wenn wir trotz der radikalen Geſtaltung der Dinge in der Sozialdemokratie nach 1890 nicht einiger Epiſoden gedächten, die ſich eben auf dem Erfurter Parteitag nebenher abſpielten. Wir ſehen nämlich den erſten bedeutenden real= politiſchen Zug durch die Debatten wehen. Vollmar war der Anführer. Er hat ſeitdem nie mit der von ihm vertretenen Überzeugung zurückgehalten, daß man die Gegenwartsarbeit mehr betonen müſſe — er, der jahre= lang dem radikalen Flügel der Partei angehört hatte. Ihm ſtellte ſich wahrſcheinlich der Kampf gegen die bürgerliche Geſellſchaftsordnung ſchwieriger und langſamer vor, er hatte kein Vertrauen zu blendenden Phraſen, wie ſie bei vielen zu Hauſe waren. Vollmars Wirklichkeitsſinn wurde von Bebel weidlich verſpottet. In Erfurt wurde Vollmar recht grimmig der Marſch geblaſen. Dazu hatten Vollmars Reden in München den Anſtoß gegeben, die als Broſchüre erſchienen waren. Mit ihm im Bunde war auch der un= vergeßliche Grillenberger geweſen.

Die Berliner Oppoſition hatte 14 Punkte aufgeſtellt, die nach ihrer Meinung von einigen Führern gepflogen würden, um die Partei in den Sumpf zu führen. Man leſe, wen es intereſſiert, nach im Parteitagsprotokoll Seite 74. Dazu

sollte noch eine Rede gekommen sein, die Grillenberger im
Reichstage gehalten und in der er die Revolution ab=
geschworen haben soll, und ein Aufsatz Auers über Kaiser
Friedrich aus Anlaß seines Todes. Das Referat hatte
Bebel. Seine Polemik richtete sich vornehmlich gegen Vollmar.
Dieser hat weniger in der Debatte zu Bebels Referat seinen
abweichenden Standpunkt vertreten — wenn auch hier —
wie es im Parteitagsprotokoll heißt — unter lebhaften Bei=
fall — als vielmehr in seinem Bericht über die parlamen=
tarische Tätigkeit. Hier skizzierte er seine Münchener Vorträge
in sehr prägnanter Weise. Meines Erachtens verdienen sie
über den Tag hinaus erhalten zu werden, damit wir erkennen,
daß die Einsicht in die Voraussetzungen und Bedingungen
der sozialen Kämpfe keineswegs immer leicht ist. Vollmar
sagte u. a.:

„Der in der heutigen Gesellschaft vorhandene Interessen=
gegensatz ist der Hauptfeind; aber Unkenntnis und Vor=
urteil machen nicht wenige Menschen zu Gegnern unserer
Bestrebungen, und hier kann nicht nur überzeugendes
Lehren, sondern noch mehr kluges Handeln uns viel nützen.
Über alledem ist aber unsere Partei als Vertreterin aller
Unterdrückten und Bedrängten, aller emporstrebenden
Kräfte, zu einem immer gewaltigeren politischen Macht=
faktor zu entwickeln, dem Gutmütigen zum Sporn, den
Eigensüchtigen zum Widerstande. Denn nur der kann
Forderungen erheben, der Kraft und Macht hat; dem
hilflosen Bettler gibt man nichts." Ferner Seite 16: „Man
sagt, die herrschenden Klassen würden ja doch freiwillig

niemals etwas von ihren Vorrechten ablassen. Nun, freiwillig werden sie das allerdings kaum, sondern nur genötigt. **Aber es ist ein Irrtum, sich vorzustellen, daß diese Nötigung nur durch die Faust geschehen könnte, daß in jeder einzelnen Frage des Staats- und Gesellschaftslebens die nackte Gewalt in Wirkung trete und entscheide. Es gibt noch andere Gewalten als die Faust: die fortgesetzte zähe Arbeit zielbewußt arbeitender Organisationen, die dadurch bewirkte Veränderung der Meinungen und vor allem die Macht der wirtschaftlichen Tatsachen."** — Seite 17: „Worauf es ankommt, das ist, daß wir — ohne unsere Endziele und den Zusammenhang der Forderungen im mindesten zu vergessen — auch praktische Tagespolitik treiben, unausgesetzt in jeder Einzelfrage die öffentliche Meinung und die gesetzgebenden Faktoren bestürmen und nie vergessen, daß jede noch so unbedeutende Verbesserung des Arbeiterloses die geistige und leibliche Kraft des Volkes vermehrt und zum weiteren Kampfe stärkt, zu neuen Bestrebungen ermutigt und befähigt."

Seite 18: „Niemand kann daran denken, von unseren Grundsätzen etwas aufzugeben; vielmehr müssen wir bei jeder Handlung unserer praktischen Politik uns gegenwärtig halten, daß sie nur eine kleine Annäherung an das große Ziel ist. Deshalb müssen wir, ohne das Allgemeine aus dem Auge zu verlieren, vom Zeitumgrenzten mehr ins Unmittelbare, vom Absoluten zum Positiven gehen, neben

dem dauernden Programm solche Arbeiterprogramme auf=
stellen, welche für die n ä ch st l i e g e n d e Zeit bestimmt sind
und unsere Kraft auf solche Einzelforderungen sammeln,
welche jeweilig den dringenden Bedürfnissen entsprechen und
die größte Möglichkeit der Durchführung für sich haben.
Hinter diese Forderungen muß dann die ganze Kraft der
Agitation, unserer Beweisführung und Überzeugung, die
Geschicklichkeit und Zähigkeit der Verhandlung, sowie all
unser Einfluß gestellt werden. Man achtet und beachtet
nur den Starken, und deshalb dürfen wir die Waffen, die
wir bisher geführt haben, nicht aus der Hand legen, sind
sie doch gegenüber den meisten die einzige Bürgerschaft."
Seite 19: „Glaubt einer von ihnen, daß die ganze oder teil=
weise Erreichung dieser Forderungen für das arbeitende
Volk Deutschlands gleichgiltig oder unbedeutend wäre? Oder
würde sie nicht vielmehr die Lage von Millionen tatsächlich
verbessern, sie leiblich und geistig zu weiterem Verbesserungs=
streben stärken? Würde uns das Volk nicht für die Er=
ringung dieser Forderungen mehr Dank wissen, als für die
kräftigsten Phrasen und schönsten Zukunftsbilder? „Seite 23:
Ich wiederhole, wir haben die Aufgabe, wo sich ein guter
Wille zeigt, ihn anzuerkennen und zu stärken, die ihn hemmen=
den schlechten Einflüße zu bekämpfen, die öffentliche Meinung
zu gewinnen, der Staatsgewalt die Notwendigkeit des
Brechens mit der Interessenpolitik kleiner Kreise und des
Übergehens zu einer für die Interessen des ganzen Volkes
wirkenden und sich auf letzteres stützenden Politik zu zeigen,
zugleich aber unausgesetzt an der Weiterentwicklung der

Arbeiterbewegung als politischen Machtfaktors zu arbeiten,
weil alle Politik wesentlich eine Machtfrage ist und nur
derjenige etwas zu erreichen hoffen darf, der seine Forde=
rungen durch reale Macht unterstützen kann" . . .

So selbstverständlich diese Sätze klingen und auch in das
Hirn des einfachen Handarbeiters eindringen sollten, so sehr
wurden sie angefochten von Bebel, der wie immer mehr an
das Herz appellierte. Etwas unfein wollte Bebel Vollmars
rasch wandelnden Standpunkt auf Vollmars satte, behag=
liche Lebensstellung zurückführen. Bebel sprach sehr geschickt
von der Ungeduld der Massen, die wünschten, daß eine
Änderung der Verhältnisse bald eintrete. Seine Prophe=
zeiungen, die ihm Vollmar so übel genommen habe, seien
doch verständlich. Kein denkender Mensch komme ohne diese
aus . . . Für ihn besitze Vollmar „den wunderbarsten
Optimismus in bezug auf die Gegner, aber den fürchter=
lichsten Pessimismus in bezug auf die prinzipiellen Be=
strebungen der Partei und die Zukunft derselben".

Vollmar stand mit Bebel bis an des letzteren Ende in
tiefem sachlichem Gegensatz. Er konnte aber nie durch=
dringen, nicht nur weil Bebel die Massen hinter sich hatte,
sondern auch, weil die Verhältnisse noch lange
nicht reif waren für eine positive Mitarbeit im Staat.

Um 1890 erlebten wir allerlei wichtige Dinge. Nach
Bismarcks Sturz kam Caprivi in das Kanzlerpalais. Dieser
zog weniger strenge Seiten auf, indem er auch gelegentlich
die Arbeitermassen reizen konnte, wenn er z. B. sagte, die
Unteroffiziere müßten warm gehalten werden, wenn es zur

inneren Revolution kommen sollte. 1890—1892 kamen große Militärvorlagen, der Brotzoll wurde aber von 5 Mk. auf 3,50 Mk. herabgesetzt. Auch die Sozialdemokratie stimmte dafür, ein Beweis, daß sie die Negationspolitik nicht allzu scharf nahm. Zudem hätten die hinter ihr stehenden Massen das sehr übelnehmen können, wenn sie den Caprivischen Antrag nicht angenommen hätte. Des jungen Kaisers Wort: „Ich treibe keinen Brotwucher!" wirkte nicht gerade übel auf die Massen. Auf der andern Seite wirkten manche harte Urteile auf die Anhänger sehr peinlich. Dazu kam der Druck in der Verwaltung und in den Gemeinde=körperschaften, wo sich die Sozialdemokratie eine Position nach der andern eroberte. Der Staat erwies sich nicht eben als entgegenkommendes Element, um die zur Sozialdemo=kratie gehörenden Massen zu versöhnen.

Unter dieser Situation standen die nächstjährigen Partei=tage. Vollmar, der dem Verfasser dieser Zeilen aus der Seele sprach, hatte in Bayern diesen Druck nicht zu spüren, wie überhaupt in Süddeutschland die politischen Verhältnisse bei weitem mildere waren und sind bis auf den heutigen Tag.

Was wäre nun klüger gewesen, dem Drucke der Reaktion nachzugeben und Verzicht zu leisten auf das „Endziel" oder noch entschiedener darauf loszusteuern?

Die Sozialdemokratie wollte von einem Kompromiß auf diesem oder jenem Gebiete nichts wissen. Alle Parteitage hallten wider von den stolzen Erfolgen und Siegen. Nur hier und da schlich der Zweifel ein, ob man denn nur dieses stürmische Draufgängertum vorziehen oder in positiver Gegenwartsarbeit in zäher Weise sich mit kleinen Fortschritten Genüge leisten sollte. Die Geister wurden wachgerufen, mehr denn früher, durch verschiedene Umstände, die teils in der politischen Lage begründet waren, teils durch Kämpfernaturen, an denen gerade die Sozialdemokratie so überreich ist.

Der Hannoversche Parteitag

Vom Erfurter Programm bis zum Parteitag in Hannover 1899 sind nur acht Jahre, und doch sehen wir die Sozialdemokratie an Stärke zunehmen. Die Reichstags-, Landtags- und Gemeindewahlen zeigen ein starkes Anschwellen der Mandaten- und Wählerstimmen. Die Reaktion in Preußen zog scharf an, ließ nicht ab von bitteren Anklagen gegen die „alles vernichtende und vergiftende" Sozialdemokratie und trieb die Regierung förmlich an, mit neuen Ausnahmegesetzen vorzugehen. Besonders taten sich einige Herren im Dreiklassenparlament Preußens und im preußischen Herrenhause hervor, die so scharf wie möglich sich ausdrückten und kein gutes Haar ließen an den Bestrebungen der Sozialdemokratie. Auf Einzelheiten kann ich mich hier nicht einlassen; sie sind auch zur Genüge bekannt.

Das Erfurter Programm zerfiel in einen theoretischen und einen praktischen Teil. Im ersten wird, anlehnend an die Theorien von Marx um Engels und Lassalle, der gegenwärtige Gesellschaftszustand enthüllt oder zu enthüllen versucht. Anarchische Produktionsweise, Untergang des Kleinbetriebs in der Landwirtschaft, Überproduktion, Krisen, Verelendung der Massen, Vermehrung des Kapitalreichtums, Zusammenstöße auf allen Gebieten mit den herrschenden Klassen, verzweifelte Arbeiterkämpfe und schließlich der Zusammenbruch der kapitalistischen Wirtschaftsordnung.

Man verhehlte sich aber nicht, daß es besser sei, ein anderes Bild daneben zu stellen. Die Arbeitermassen wollten nicht nur für den in Zukunftsbildern schwelgenden Geist Nahrung haben, sondern auch für den Leib. Das realistische Moment müsse nicht minder zum Ausdruck kommen. Das geschah im praktischen Teil. Wir hören von Forderungen an Staat und Gesetzgebung, Fortführung und wesentlicher Ausbau der Sozialreform, Einführung des allgemeinen usw. Wahlrechts in Reich, Staat und Kommune, Verweltlichung der Schule, unentgeltlicher Unterricht, dito Schulspeisung, kurzum alles Dinge, über die man reden konnte, ohne gleich als blutiger Umstürzler angesehen zu werden.

Diese Nebeneinanderstellung wichtiger Gegenwarts- und Zukunftsforderungen ist meines Erachtens meisterlich. Ideal und Wirklichkeitssinn reichen sich die Hand. Vollmars Stimme drang nicht durch, und doch wollte er weiter nichts als ein schärferes Bewerten und Betonen der Gegenwartsarbeit.

Eduard Bernstein, der in den 90er Jahren noch in England lebte, die deutschen Verhältnisse aber gründlich studiert hatte, setzte nun mit seinen Problemen des Sozialismus ein, die das lebhafteste Staunen und Kopfschütteln weitester Parteikreise hervorriefen. Kautsky, der Herausgeber der „Neuen Zeit", hatte die Aufsätze aufgenommen, eine Kritik aber zunächst unterlassen.

Es sollte noch kommen!

Bernstein wurde aufgefordert, seine Gedanken über die Aufgaben und Taktik der sozialdemokratischen Partei in

Buche niederzulegen. Das tat er und taufte es: „Die Voraussetzungen des Sozialismus und die Aufgaben der Sozialdemokratie." Kautsky schrieb nun auch ein Buch, das den Titel trug: „Bernstein und das sozialdemokratische Programm." Diese beiden Bücher bildeten jetzt die Grundlage einer umfangreichen Debatte auf dem Parteitag in Hannover. Auf den Inhalt der beiden Bücher kann ich hier nicht eingehen. Es kommt ganz darauf an, welche Gesichtspunkte stärker betont werden sollen. Bernstein betont u. a., daß man aus Marx und Engels' Werken alles beweisen könnte, daß die materialistische Geschichtsauffassung nicht in allen Punkten zutreffe usw. Hauptsächlich lag ihm aber an dem Nachweis, daß die Gegenwartsarbeit in einer ganz anderen Weise gepflogen werden müßte. In Preußen dürften wir z. B. nicht ferner Abstinenz üben, sondern wir müßten an den Wahlen teilnehmen. Auch wenige Hechte im Karpfenteich können die Stimme des Proletariats erheben und deren Forderungen vertreten.

Bernstein konnte sein Buch auf dem Parteitage nicht selbst vertreten. Die Verbannung war noch nicht aufgehoben. Dafür hatte er einen Mann gefunden, der — wenn er auch nicht alles unterschrieb, was Bernstein gesagt —, doch hervorragend geeignet schien, der Dolmetsch der Gedanken Bernsteins zu werden. Vielleicht hat Dr. David — denn kein anderer war es — die Sache Bernsteins besser vertreten, als Bernstein es gekonnt hätte, wenn letzterer selbst hätte erscheinen können.

Bebel hielt das Referat über das Thema: „Grundanschau=

ungen und taktische Stellungnahme der Partei". Er verbreitete sich über den ganzen Komplex von Fragen, die sich auf die innere und äußere Politik der Regierung und der bürgerlichen Parteien wie auf die Haltung der sozialdemokratischen Partei bezogen. In sechs Stunden rechnete er mit Bernsteins Buch ab. Manch hartes Wort mußte sich Bernstein gefallen lassen. Seine realpolitischen Gedanken wurden nach allen Regeln der Kunst zerzaust, die große Mehrheit des Parteitages stimmte Bebel begeistert zu, und das ist begreiflich, denn Bebel verstand es wie kein anderer, sich in die Herzen der Zuhörer hineinzureden. Der Schluß von Bebels Rede sei hier angeführt, weil er die intimsten Gedanken verrät:

„Was ich aber ganz besonders zu tadeln habe, das ist, ich wiederhole es, daß Bernstein uns förmlich Angst vor dem Siege macht, daß er ihn uns quasi zu verekeln sucht; daß wir eines schönen Morgens aufwachen und uns mitten in der sozialen Republik befinden, glaubt niemand; aber es ist eine ganz verkehrte Taktik, der Partei den Opfermut, die Begeisterung, die Opferfreudigkeit, alles das, was der Kampf im höchsten Maße braucht, durch möglichstes Hinausrücken des Zieles ins Unendliche zu nehmen und alles aufzubieten, um durch Einführung künstlicher Schwierigkeiten dem Glauben an die Möglichkeit des Sieges entgegenzuwirken. Was insbesondere den so viel hervorgehobenen Mangel an Intelligenz betrifft, so sage ich euch Parteigenossen, wenn wir wirklich einmal in die Lage kämen, die Zügel in die Hand zu bekommen, ist es mir um die Intelligenz nicht bange (Heiterkeit! Sehr wahr). Was will denn die Intelligenz machen, die in den bürgerlichen Reihen sich betätigt? Glaubt ihr, die Beamten, die Techniker, die Ingenieure usw. werden streifen, bei uns nicht mittun wollen, wenn wir ihnen eine anständige Behandlung und eine beffere Bezahlung versprechen? (Heiterkeit und Beifall.) Ich sage euch, es gibt sogar eine Menge Geheimräte, die dann zu uns kommen, vielleicht sogar Minister (Heiterkeit). Die Bureaukratie ist nur die Leiterin der Maschinerie; nun gut, diese Maschinerie werden wir natürlich anders einrichten, aber dann geht sie auch besser als zuvor. Alles in allem haben wir in keiner Weise Grund, unsere Grundanschauungen, unsere Taktik, unseren Namen zu ändern. Ich fasse meine Rede in dem Satz zusammen: Wir bleiben, was wir bisher waren . . ."

Dr. David trat als Korreferent von einer ganz anderen Warte an die zur Debatte stehenden Probleme heran. Man merkte, daß er sich nicht mit allem identifizierte, was Bernstein gesagt. Immerhin konnte er doch nachweisen, daß manche Fragen — z. B. ob Kleinbetrieb oder Großbetrieb in der Landwirtschaft rentabler sind, ob die Gewerkschaften einen kleineren oder größeren Anteil an dem Aufstieg der Arbeiterklasse haben, ob der Industriefeudalismus raschere oder geringere Fortschritte gemacht — strittig seien, daß aber die Betonung der Gegenwartsarbeit in höherem Maße geschehen könnte. Nichts anderes habe Bernstein gewollt. Begeisterung und Opferfreudigkeit wollte Bernstein den Massen nicht rauben. Auch habe Bernstein nirgends geschrieben, daß er auf das Endziel verzichte, sondern nur betont, das, was man gemeinhin Endziel nenne, sei ihm nichts, die Bewegung alles. Dr. David schloß:

„Die Bernsteinsche Schrift bricht also nicht mit dem ökonomischen Prinzip der Sozialisierung, sie läuft im wesentlichen darauf hinaus, eine höhere prinzipielle Bewertung der Gegenwartsarbeit auszusprechen. Wir haben die Gegenwartsarbeit ja auch heute ohne die höhere Bewertung rastlos besorgt, aber es ist doch ein Unterschied, ob man in dieser Arbeit nur Palliativmittel oder **Grundsteine zu dem großen Gebäude der Zukunft sieht.** Ich weise entschieden alle Versuche zurück, Bernstein oder mir nachzusagen, daß wir auf die politische Bewegung nicht genug Gewicht legen, daß wir etwa glauben, nur mit den Gewerkschaften oder Genossenschaften sei es zu machen. Nein, das glauben wir nicht. An alle drei Gebiete, gewerkschaftliche, genossenschaftliche und politische Bewegung soll der Hebel angesetzt, diese Dreieinigkeit soll hochgehalten werden. Dann erst wird die ganze Kraft entfaltet werden können ..."

„Wenn Sie von diesem Gesichtspunkte aus Bernsteins Schrift betrachten, so müssen Sie mir zugeben, wenn ich sage: Bernstein gibt uns mehr, als er uns nimmt. (Beifall und Widerspruch.) Gerade durch die höhere Bewertung der Gegenwartsarbeit wird die Zuversicht gesteigert, daß schon jetzt innerhalb der kapitalistischen Wirtschaftsform die Verteilung des Wertprodukts ganz wesentlich zugunsten der Arbeiterklasse zu beeinflussen ist. Und diese Zuversicht ist ein belebendes Moment in unserem Kampf: im politischen, gewerkschaftlichen und genossenschaftlichen. Und dies belebende Moment, diese Zuversicht, diese höhere Bewertung wird uns zur Eroberung der politischen Macht und zu allem, was kommen mag und kommen wird, auch förderlich sein. Ich habe an einer anderen Stelle bereits meine Ansicht dahin zusammengefaßt: Hoch das Banner der Hoffnung, nicht nur auf eine bessere Zukunft, **sondern vor allem und in erster Linie auch auf eine bessere Gegenwart.**"

Das Parteitagsprotokoll konstatiert auf Seite 144 lebhaften Beifall, Händeklatschen und Zischen. Die Debatte bewegte sich in den üblichen Bahnen. Das Für und Wider wurde erörtert und damit den Individualanschauungen weitester Spielraum gegeben.

Eins merkte man aber auf diesem Parteitage deutlich: **die realpolitische Richtung in der Sozialdemokratie war wieder um ein Erkleckliches gestärkt worden.** Sogar Auer war in gewisser Hinsicht auf die Seite Bernstein-Davids getreten, was ihm sehr verübelt wurde, denn er wurde nur mit 138 Stimmen zum Parteivorstandsmitgliede wiedergewählt. Im übrigen machten Vollmar, von Elm, Peus und andere vortreffliche Bemerkungen zu dem Vortrage Davids, die hier, wo es sich um die Herausarbeitung der Eckpunkte in der Geistesgeschichte der Sozialdemokratie handelt, nicht zu bringen sind.

Die von Bebel eingebrachte Resolution, die — wie Auer mitteilte — auch von Bernstein angenommen wurde, ist charakteristisch in ihrer Art, die Gegensätze zu verdecken. Es kommt eben ganz darauf an, wie man die einzelnen Sätze der Resolution auffaßt, was man in sie hinein und aus ihnen heraus liest.

Der Parteitag in Hannover ist ein Schulbeispiel dafür, wie trotz aller Deklamationen sich in der großen Partei der realpolitische Sinn durchringt. Zwar wird noch meisterhaft der Versuch gemacht, das — wie Frohme einmal spöttisch ausrief — an der Fahne baumelnde Endziel zu halten, aber die lebendige Praxis schlug allen Theorien, die sich um das Endziel bewegten, den Kopf ab. Die Massen sind damit durchsättigt worden, und nur langsam können sie sich daran gewöhnen, daß es für sie und ihre Lage darauf ankommt, die Gegenwart heller zu gestalten. Die fernere Zukunft braucht deshalb nicht vernachlässigt zu werden.

Die Abrechnung in Dresden

Während man sich in Hannover noch in schwierigen Auseinandersetzungen erging, welche Taktik im Kampfe gegen die herrschenden Klassen zu befolgen sei und wie die Partei ihren sieghaften Marsch in die Zukunft weiter gehen könne, ohne auf die Falltüren zu stoßen, spannen sich draußen im Lande andere Fäden. Indem man sich noch darüber stritt, ob und inwieweit die Gegenwartsarbeit zu bewerten oder nicht zu bewerten sei, wurde überall in den Gemeinden kräftig gearbeitet.

Bernstein erzählt in seiner Geschichte der Berliner Arbeiterbewegung, daß sich die Berliner Sozialdemokratie schon 1878 an den Kommunalwahlen beteiligte. Im Jahre 1883 wurden Singer und Tutzauer ins Stadtparlament gewählt. Ein Kommunalprogramm gab es allerdings noch nicht. In den 90er Jahren wurden weitere Fortschritte gemacht. Im Jahre 1900 entstand die „Kommunale Praxis" unter der Leitung von Dr. Albert Südekum. Sie ist erst, wie Hugo Preuß im Jahre 1910 im „Berliner Tageblatt" feststellte, der Ausgangspunkt einer weitschichtigen Kommunalliteratur geworden.

Aus allen Gegenden Deutschlands kamen Nachrichten, daß die Sozialdemokratie in die Gemeindeparlamente eindrang. Auf dem Parteitage 1902 hielt Dr. Hugo Lindemann ein

Referat über Kommunalpolitik, und im Jahre 1904 wurde in Bremen das Kommunalprogramm geschaffen. Hier und da murrte man zwar, schalt auf die sozialdemokratischen Quacksalbereien, machte aber doch eben mit, weil man nicht anders konnte. Im geheimen Kämmerlein so manchen Anhängers mochte schließlich doch die schöne Hoffnung genährt werden, daß man vielleicht doch etwas erreichen könnte. Und es geschah auch. Allmählich empfand man Freude an der kommunalen Mitarbeit. Mit den bürgerlichen Vertretern wurde scharf gekämpft, um jeden Fußbreit Boden.

Es sei indes gleich gesagt, daß es sich in Dresden nicht um diese Mitarbeit in der Kommune handelte.

Die Reden und Kämpfe dort sind gewiß noch in aller Gedächtnis. Der radikale und revisionistische Flügel waren in harte Fehde geraten. Bebel gelang zum letzten Male ein großer Wurf gegen die Abtrünnigen, die sich herausnahmen, an den Grundsätzen der Partei zu nörgeln. Der Sturm raste und wollte sein Opfer haben. Nach der Reihe wurden die Nichtbuchstabengläubigen hergenommen und geschüttelt, das ihnen Hören und Sehen verging: Göhre, Bernhard, Peus und wer zählt die Häupter, nennet die Namen, mußten sich sagen lassen, daß anständige Sozialdemokraten nicht für die bürgerliche Presse schreiben. Die „Sozialistischen Monatshefte" gehörten auch zu den bürgerlichen Blättern, in denen die revisionistischen Leute ihre Meinung zu den großen Tagesfragen und den Fragen der Theorie sagten.

Mir will es scheinen, daß dieses unsanfte Vorgehen der

Radikalen das **verzweifelte Aufflackern des letzten Widerstandes war,** der sich gegen die reformistische Mitarbeit in Staat und Gemeinde sträubte. Der Sieg Bebels war unzweifelhaft und fast möchte ich sagen, überwältigend. Ich habe in den folgenden Jahren oft und oft mit solchen, die anwesend waren, gesprochen, und alle haben mir bestätigt, daß Bebels und der andern Vorgehen sehr unloyal gewesen sei. Wahr ist auf jeden Fall, daß Bebel in den folgenden Jahren nie wieder so vorging und anscheinend selbst Reue empfand über die harte Feme, die er über die parteigenössischen Gegner heraufbeschworen hatte.

Die Arbeit der Sozialdemokratie im Reich, Staat und in der Gemeinde ist gerade durch dieses **fortwährende Durchdenken aller sozialen Probleme** auf das fruchtbarste angeregt worden. Statt die Köpfe auseinander zu bringen, sehen wir überall und allerorten ein schöpferisches Arbeiten. In Süddeutschland ist diese Arbeit besonders augenscheinlich geworden. In Preußen, Mecklenburg und einigen anderen Staaten ist ein Vordringen freilich sehr schwierig, weil die Verfassungs- und Verwaltungsverhältnisse so viel wie alles zu wünschen übrig ließen und lassen.

Der Dresdener Parteitag war ein Lehrmeister ohnegleichen. **Man darf die Kräfte nicht verzetteln, wenn man die Welt erobern will!** Mancher ging und tat Buße in Sack und Asche; viele, vielleicht die meisten formten in sich ihr Wesen von Grund aus um, um so mit besserem Material an das Stoffliche dieser Welt zu gehen, zu pflügen und die Menschen, die ihr Wesen nicht begreifen konnten und wollten, zu überzeugen: daß die Sozialdemokratie letzten Endes nur das Beste aller will. Den Staat als Ganzes, in seinem Werden und Wachsen (also das eigentlich historische) für seine besonderen Interessen mobil zu machen, ihn mit einer anderen Willens- und Schaffensrichtung zu durchfluten, die besitzlosen Klassen in das Staatsganze einzugliedern und zu Mitträgern der gesamten Entwicklung zu machen — das ist eine Aufgabe, wohl des Schweißes aller Edlen wert.

Der beseligende Glaube an das Endziel sollte vorerst nicht begraben werden. Das verheißene Land winkte aber nur erst in weiter Ferne. Die lebenden Geschlechter wollten nicht nur arbeiten, sondern auch ernten. Die sozialen Utopien eines Thomas Morus oder das gelobte Land, wie es Bellamy in seinem Rückblick auf das 20. Jahrhundert schildert, sollten fleißiger denn je studiert werden. Die Lehren eines Karl Marx sollten nicht verkümmern, sondern einen lebhaften Widerhall finden in allen Herzen, die mit Macht an die Wiedergeburt der Menschheit glauben.

Die Gegenwart erheischte jedoch ein gebieterisches Handeln in allen Nüancen. An frohen Gegenwartstaten wollten wir uns begeistern und nicht locker lassen, bis auch das bescheidenste Hälmchen sich rüstig entwickelte und gedieh. Diese Meinung bildete ich mir über den sozialdemokratischen Parteitag in Dresden.

Das „militaristische" Deutschland

Mit dem Worte „militaristisch" verband der deutsche Sozialdemokrat bis vor kurzem eine eigenartige Vorstellung. Der Militärstaat Deutschland war ihm nichts weiter als ein Staat, der seine „Untertanen" von der Wiege bis zum Grabe knutete, die Söhne der Mütter und Väter wurden im bunten Rock gemißhandelt, beschimpft, bei geringsten Widersetzlichkeiten zu schweren Gefängnisstrafen verurteilt, kurzum langsam zu Tode gefoltert. Es ist nicht weniges wahr in dieser Schilderung. In der Tat sahen wir des öfteren, daß unsere Soldaten unwürdig behandelt wurden, daß die ans Starre grenzende Disziplin und der so oft und scharf kritisierte Parade- und Gamaschendienst den deutschen Militarismus unbeliebt machten. Seit Bebel im Reichstage mit schonungsloser Härte seine Anklagen gegen die Soldatenmißhandlungen schleuderte und auf diese Weise zum Schirmherrn der Soldaten wurde, ist vieles besser geworden. Die sich grämenden Mütter konnten aufatmen. Freilich in einem Heere von Hunderttausenden wird es immer unehrenhafte Vorgesetzte geben. Das liegt in der Natur der Dinge, läßt sich also nicht ausrotten. Viele Soldaten lernten aber beim Heere Zucht und Ordnung, was sie zu Hause nicht gelernt hatten. Die spartanische Lebensweise, der stramme Dienst übten ihre Wirkung aus. Sie traten, an geordnete Lebensweise gewöhnt, später in den zivilen Beruf zurück und erinnerten sich — wenigstens viele — mit Freude der Militärdienstzeit. Ich will hier kein Loblied auf alles das singen, was beim Heere gang und gäbe war. Ich will sogar zugeben, daß das eigentlich bildende, erzieherische Moment nicht selten vernachlässigt wurde. Der Industriearbeiter, der aus der Stadt kommt und ins Heer eintritt, liebt in der Regel gewisse Zweige der Kunst, der Wissenschaft, beschäftigte sich vorher mit politischen Zeit- und Streitfragen, war in seiner Gewerkschaft und der Sozialdemokratie Mitglied, also ein reger Teilnehmer aller der Bestrebungen, die dem Volksganzen letzten Endes zugute kommen. Der vom Lande kommende und ins Heer eintretende Arbeiter entbehrte dieser Vorzüge. Das Heer bestand sonach aus ganz verschiedenartig gebildeten Leuten, die in Zucht und Ordnung zu halten nicht eben leicht war. Das mag den Vorgesetzten zugute gerechnet werden.

Was ist nun das Wesentliche am Militarismus? Sind es die Soldatenmißhandlungen, der Paradedrill und Gamaschendienst? Man muß der Frage näher treten. Bebel hat in seiner Broschüre: „Nicht stehendes Heer, sondern Volksheer" ausführlich die damit zusammenhängenden Probleme besprochen. Er wollte den Nachweis führen, daß das stehende Heer zu teuer sei, daß die Miliz sehr wohl eingeführt werden könnte und daß diese viel billiger käme. Er wollte das Vaterland durchaus nicht wehrlos machen, wie ihm manche seiner Gegner untergeschoben haben.

Getreu dieser Auffassung heißt es denn auch im sozial-

demokratischen Programm: Erziehung zur allgemeinen Wehr=
haftigkeit, Volkswehr an Stelle der stehenden Heere. Ent=
scheidung über Krieg und Frieden durch die Volksvertretung.
Schlichtung aller internationalen Streitigkeiten auf schieds=
gerichtlichem Wege. Man hegte die Befürchtung, daß die
stehenden Heere nicht nur gegen die äußeren, sondern auch
gegen die inneren Feinde gebraucht werden könnten. Von
Industriellen und anderen Personen fielen manche törichte
Äußerungen, die besser unterblieben wären. Es ist auch
nicht zu leugnen, daß bei großen Streiks und Aussperrungen
das Militär wiederholt in unliebsamer Weise eingegriffen
hat. Die Formulierung und Stilisierung des Programm=
punkts ist daher aus der Einsicht erwachsen, daß das stehende
Heer abgeschafft werden müßte, um es nicht gegen die
Volksmassen zu führen. In Hannover haben Geyer und
Schippel als Redner und Bebel und Schippel als Debatter
die Klingen gekreuzt. Es hat da Funken gestoben. Geyer
vertrat die alte, Schippel eine teilweise neue Auffassung,
der sich besonders an Fr. Engels anlehnte. Letzterer erkannte
bekanntlich die Vorzüge der stehenden Heere unumwunden
an, er war nicht in dem Sinne milizgläubisch, wie Bebel
und andere es ihm angedichtet haben. Schippel veröffent=
lichte um diese Zeit in den „Sozialistischen Monatsheften"
eine Serie von Aufsätzen unter dem Pseudonym „Isegrimm",
die alles andere, nur nicht schmeichelhaft für Bebel waren,
der auch in dieser Frage als Autorität galt. Schippel ver=
suchte nicht ohne Glück, aus den Schriften Engels den Nach=
weis zu führen, daß die Miliz durchaus nicht immer billiger

sei als das stehende Heer und daß man, wenn man zunächst für eine Verkürzung der Dienstzeit eintrete, deshalb noch keinen Prinzipienverstoß gegen das Programm beginge.
So ging es weiter. In der Debatte sprach auch Heine, der sich bereit erklärt haben sollte, Kanonen gegen Volksrechte einzutauschen. Heine konnte nachweisen, daß er diese Äußerung an sich gemacht, aber hinzugefügt habe: dieser Regierung keinen Groschen und keinen Mann.

Natürlich einigten sich die Parteitagsabgeordneten auf die von Geyer vorgeschlagene Resolution.

Jahr um Jahr verging, und die Praxis räumte infolge mancher Verhältnisse mit dem alten Plunder auf. Es ist wiederum charakteristisch, daß man sich auf Resolutionen festlegte, um die alte liebgewordene Doktrin zu behaupten. Deshalb seien hier noch einige allgemeine Bemerkungen gemacht.

Die Umformung der stehenden Heere von heute ist gar nicht möglich, wenigstens noch auf lange Zeit nicht. Deutschland war bis zum Kriege eingekeilt zwischen einer ganzen Anzahl von Groß- und Mittelstaaten. Die Verteidigungsmaßnahmen müssen jederzeit ergriffen werden können — wie gerade jetzt der Krieg gezeigt hat. Ein Experimentieren nach der einen oder andern Richtung wäre zum Unheil für die Zukunft des deutschen Volkes ausgeschlagen, das in allen seinen Gliederungen auf Gedeih und Verderb mit dem Ganzen verknüpft ist. Das stehende Heer in Deutschland mußte vor allem dafür Sorge tragen, daß es sich gegen einen Ansturm herandrängender Feinde erfolgreich behaupten konnte. Die dreijährige Dienstzeit wurde in den 90er Jahren auf die zweijährige herabgesetzt, wenigstens für die Infanterie. Weitere Herabsetzungen sind bisher nicht erfolgt und zwar aus gutem Grunde. Es mußten erst einmal die Neuerungen in ihrer Wirkung abgewartet werden. Daß man damit gute Erfahrungen gemacht hat, mag gern eingeräumt werden. Ein Zuviel würde aber dazu geführt haben, daß man in anderen europäischen Ländern nicht etwa dem Beispiel Deutschlands gefolgt wäre, sondern erst recht gerüstet hätte. Die europäische Politik geht in diesen Dingen recht seltsame Bahnen, denen aber Rechnung getragen werden muß.

Von Hannover bis jetzt sind eine Reihe von Militärvorlagen gefolgt, die letzten großen kamen in unmittelbarer Folge 1912 und 1913. Nach der Reichsverfassung muß eigentlich 1% der Bevölkerung in Deutschland zum Heeresdienst eingezogen werden. Dieser aufgestellte Grundsatz wurde in die Praxis übertragen. In der Reichstagskommission, die über die neuen Militärvorlagen zu beraten hatte, wurden vertrauliche Mitteilungen gemacht über die Absichten der anderen europäischen Mächte. Es wurde zweifellos der Nachweis geführt, daß Deutschland von koalierter Seite angegriffen werden könnte. Alle diese Mitteilungen verfehlten nicht ihre Wirkung auf die Reichstagsboten. Wir hörten zwar von sozialdemokratischer Seite, daß die Militärbehörde bzw. der große Generalstab nichts Neues mitgeteilt habe und der vertrauliche Charakter der Verhandlungen nicht am Platze gewesen wäre. Ein Beweis, daß sich die führenden Geister in der Sozialdemokratie einer bedenklichen Täuschung hingaben. Rußland hatte Frankreich getrieben, die dreijährige Dienstzeit einzuführen und selbst dort einen Milliardenpump angelegt. Es konnte nur eine Frage der Zeit sein, wann der Sturm losbrechen würde. Jetzt wissen wir es, und es ist nicht zuviel gesagt, wenn ich behaupte, daß diese neuen **Militärvorlagen die Rettung Deutschlands zur Folge hatten und haben werden.**

Die Sozialdemokratie hat von der Bewilligung der Militärforderungen nichts wissen wollen, nichtsdestoweniger aber zugestimmt, daß die **Deckungskosten** durch die leistungsfähigen Schultern erfolgen (Wehrsteuer). Damit hat sie ihre prinzipiellen Grundsätze **durchbrochen**, die darin gipfelten, dem Militarismus keinen Mann und keinen Groschen zu bewilligen. Die Arbeiterbevölkerung war zwar von den Einzelheiten nicht unterrichtet, der Widerstand äußerte sich aber in kräftigen Protesten gegen den immer „unverschämter fordernden Militarismus", sie wurde aber bei weitem milder gestimmt, als es wahr wurde, daß die leistungsfähigen Schultern die Kosten in der Hauptsache bezahlen würden.

Die Schlagkraft des Heeres ist da und hat sich auf den Kriegsschauplätzen in beispielloser Weise gezeigt.

Marx prägte den Satz, daß die Kriege die Lokomotiven in der Menschheitsgeschichte sind. Hier ist nicht der Ort, diesen Satz im einzelnen zu beweisen. Genug, daß wir den hohen Wert des deutschen „Militarismus" kennen gelernt haben, daß wir deshalb nicht minder nach dem Kriege die

Lieblingsgedanken über die Verständigung weiter spinnen, daß wir auch in der Frage der einjährigen Dienstzeit bzw. deren Herabsetzung weitere Fortschritte machen können, wenn die Konstellation der Mächte es erlaubt und nicht, wie gewisse Politiker behaupten, dieser Weltkrieg den Anstoß zu neuen Weltkriegen geben werde.

Die Pflege der maritimen Forderungen, der Ausbau der Flotte gehört in dasselbe Thema. Großadmiral Tirpitz übernahm 1897 das Staatssekretariat des Reichsmarineamts. Damit trat eine bedeutende Wendung in Flottenfragen ein. Die erste Flottenvorlage kam im Jahre 1898, und schon nach Jahresfrist wurde eine zweite eingebracht, die eine Verdoppelung der Schlacht- und der Auslandsflotte brachte. Der Kaiser war sehr mißvergnügt, und in einer Stapelrede in Hamburg am 18. Oktober 1899 erklärte er, „daß er mit tiefer Besorgnis habe beobachten müssen, wie langsame Fortschritte das Interesse und politische Verständnis für große weltbewegende Fragen unter den Deutschen mache". „Blicken wir um uns her" — fuhr er fort —, „wie hat seit einigen Jahren die Welt ihr Antlitz verändert. Alte Weltreiche vergehen und neue sind im Entstehen begriffen. Nationen sind plötzlich im Gesichtskreise der Völker erschienen und treten in den Wettbewerb mit ein, von denen kurz zuvor der Laie noch wenig bemerkt hatte. Ereignisse, welche umwälzend wirken auf dem Gebiete der internationalen Beziehungen sowohl wie auf dem Gebiete des nationalökonomischen Lebens der Völker, und die in allen Zeiten Jahrhunderte zum Reifen brauchten, vollziehen sich in wenigen Monden . . ."

Viele andere Aussprüche des Kaisers kennzeichneten den Kurs, der eingeschlagen werden mußte.

Auf Deutschland trafen diese neuen Verhältnisse unbedingt zu. England war bisher meerbeherrschend gewesen und ist es noch heute*). Wir handelten England Helgoland ab, worauf sich dieses einzulassen können glaubte, weil es von einer deutschen Flotte nichts sah. Mit dieser aber wurde in England die Stimmung anders. Unsere Ware begann den Weltmarkt zu erobern, wogegen auch das englische „Made in Germany" keinen Schutz bot. Im Gegenteil, diese Spitzmarke wurde eine ausgezeichnete Reklame für unsere Ware in allen Weltteilen. Die Tirpitzschen Flottenpläne stießen bei den bürgerlichen Parteien nur auf schwachen Widerstand. Je länger je mehr wurden sie bewilligt, und wer weiß, ob die Weltlage diese Bewilligung nicht erheischte.

*) Fußnote während der Korrektur: Nach den Ereignissen, die sich in den letzten Monaten auf den Meeren zugetragen haben, mache ich jetzt dahinter ein großes Fragezeichen.

Kolonialpolitisches

Deutschland ist kolonialpolitisch ein junges Land. Wir sind sehr spät auf den Schauplatz getreten. Die Welt war gewissermaßen verteilt, womit nicht gesagt sein soll, daß sie für immer verteilt bleibt. Das neue Deutsche Reich unter Bismarck ging nur zögernd an die kolonialpolitischen Probleme heran. Es sind große Gebiete, die wir seit den achtziger Jahren unserem Reiche angliederten. Die Bodengestaltung, die klimatischen und Bewässerungsverhältnisse sind verschieden, die Bevölkerung nur schwer der modernen weißen Kultur zugänglich. An einen wirtschaftlichen Nutzen war auf lange Jahre nicht zu denken. Wir mußten unaufhörlich Gelder in den Boden stecken, ohne dabei ernten zu können. Dazu mußten blutige Kämpfe mit den Eingeborenen geführt werden, die sich das deutsche „Joch" nicht über den Rücken spannen lassen wollten. Die Geschichte jedes Koloniallandes ist angehäuft mit Greueln und Verwüstungen, mit Menschen- und Materialverlusten. Leben und Schicksale der Eingeborenen wurden gnadenlos zerstampft. Jede Nation hat sich schwer versündigt gegen die Interessen der Eingeborenen. Schnaps und Peitsche sind keine Erziehungsmittel. Auch die d e u t s c h e Kolonialgeschichte ist gelegentlich grausam an Einzelheiten.

Soll deshalb jede koloniale Besiedelung unterbleiben, sollen wir die Schwarzen, die Braunen und die Mischvölker ihrem

Schicksal überlassen? Oder dürfen wir kraft unserer höheren Kultur uns anmaßen, über diese niederen Völker zu gebieten und sie im Laufe der Dinge zu uns emporzuziehen? Ich meine, es liegt im Gange der Geschichte, daß jedes starke Volk sich auszubreiten versucht, daß es sogar mit gewaltsamen Mitteln — wenn es welche sind — von diesem Rechte Gebrauch macht. Es ist bekannt, wie schwer die niederen Völker zur Arbeit zu erziehen sind. Jeder Kolonialkenner weiß das.

Die deutsche Sozialdemokratie hat sich mit Händen und Füßen gegen kolonialen Landerwerb gesträubt. Nicht nur aus ethischen, sondern auch aus materiellen Gründen. Vielleicht ist es nicht überflüssig, zu betonen, daß wir häufig mit Verallgemeinerungen und Übertreibungen gearbeitet haben, wenn wir uns über die Lose der dunklen Rassen beklagten, vielleicht hätte ein gründliches Studium der Kolonialfragen zu dem Ergebnis geführt, daß es sich allemal um Entgleisungen und gelegentliche Ausschreitungen gehandelt hat. Im Kern ist es fraglos, daß wir ein Recht auf Eingliederung neuer Stämme und Völker haben, sofern wir uns als gesittete Nation ihnen gegenüber benehmen. Dabei wird ein Arbeitszwang wohl schwerlich zu vermeiden sein. Die ablehnende Haltung der Sozialdemokratie in Kolonialfragen ist nur aus den oben mitgeteilten Gesichtspunkten begreiflich.

Und doch müssen wir in den sauren Apfel beißen. Das deutsche Volk ist nach allen Richtungen gewachsen. Es hat einen ungeheuren Warenexport, der Milliardenwerte umfaßt. Die Produkte unseres Landes müssen irgendwo abgesetzt werden, und wir müssen sie eintauschen können gegen andere Artikel, die wir notwendig gebrauchen. Unsere Kolonialgebiete in Afrika, im Stillen Ozean usw. sind, wenn auch nicht überall gleichmäßig, besiedelungsfähig. Unser Überfluß an Menschenreichtum kann dort auf neuer Scholle den deutschen Gedanken eingraben, kann mit Glück aus dem steinigen Boden Waren hervorzaubern und auf diese Weise dazu beitragen, daß wir auch in der Heimat vorwärts kommen. Eine gegenseitige Befruchtung unserer geistigen Güter und ein Austausch der Produkte wird beiden Teilen zum Segen gereichen. Diese Gedanken sind in der Sozialdemokratie nicht fremd. Nur das Wie ist immer strittig gewesen.

Es hat in der Sozialdemokratie stets Männer gegeben, die mit kühner Initiative sich gegen den Gedanken gesträubt haben, keine Kolonialpolitik zu treiben. Der prinzipiell ablehnende Standpunkt ist von etlichen verlassen und einer praktischen Mitarbeit das Wort geredet worden. So hat z. B. Otto Hue vor vielen Jahren in der von Heinrich Braun herausgegebenen Zeitschrift „Die neue Gesellschaft", die seit langem eingegangen, den Satz aufgestellt: Die Sozialdemokratie müsse die Kolonialpolitik und ihre Behandlung auf eine andere Operationsbasis stellen. Hue hat das im einzelnen auseinandergesetzt.

Die Kolonialforderungen der Regierung betreffen sowohl den Bau von Eisenbahnen, die Urbarmachung von Ländereien, die Ansiedelung von Farmern usw. wie die Beschaffung von Mitteln für die Bekämpfung der Aufstände, die Erhaltung einer bestimmten Truppenmacht. Diese muß dauernd da sein oder gewechselt oder in ihrem Bestande ergänzt werden. Dazu kommen noch Forderungen, die sich auf die Bekämpfung von Krankheiten, den Bau von Beamten- und anderen Wohnungen usw. beziehen. Große Summen müssen zunächst hineingesteckt werden. Die Klage, alles Geld sei weggeworfen, man hätte schon viele Millionen unnütz hineingesteckt, ist nicht stichhaltig. Die Kolonialgeschichte jedes Landes beweist, daß erst nach vielen Jahren und Jahrzehnten die Ernte zu erwarten ist. Wie haben andere Länder ihre Kolonien ausgebeutet, und welch ungeheure Summen sind in diese hineingesteckt worden!

Wenn einmal Kolonialpolitik getrieben werden soll, so kann es sich um alle diese Forderungen gar nicht mehr handeln. Ein weltwirtschaftlicher Staat wie Deutschland muß wollen, damit für seine überschüssige Bevölkerung Raum und Nahrung geschaffen wird. Die Schwierigkeit des Problems darf vor der Lösung nicht zurückschrecken. Die Mittel zur Lösung müssen geprüft werden, die am ehesten zum Ziele führen. Die Kolonien einfach aufgeben oder für ein Spottgeld verschleudern, kann ernstlich nicht verlangt werden. Nicht nur würde sich der Staat selbst betrügen, sondern er würde auch allen Kredit verlieren bei den anderen Völkern, die kolonialpolitisch tätig sind und große Erfolge aufzuweisen haben.

Das schwierigste Problem, dünkt mir, ist die Behandlung der Eingeborenen und ihre richtige Verwendung im Produktionsprozeß. Hier scheint mir vor allem wichtig zu sein, daß für diese schwierige Mission die richtigen Männer ausgewählt und für ihren Beruf vorgebildet werden, ehe man sie auf die unkultivierten Völker losläßt. Zu Verbrechen neigende Menschen taugen für diese Aufgabe schwerlich.

Gustav Noske-Chemnitz hat in seinem Buche „Kolonialpolitik und Sozialdemokratie" die wichtigsten Punkte hervorgehoben, auf die es bei der Lösung des Problems ankommt. Ich unterschreibe nicht alles, was er sagt. Immerhin möchte ich betonen, daß in unseren Kolonien dem Kaufmann und dem Lehrer der erste Platz gebührt. Sie sollen die Pioniere werden und die deutsche Kultur ausbreiten helfen. Der Kaufmann hat ein hohes Interesse daran, daß seine Ware auch wirklich marktfähig wird, daß sie die Kosten der Herstellung ersetzt und noch einen Profit abwirft. Der Lehrer endlich muß sich klar darüber sein, daß es nicht angeht, wenn der Eingeborene schlechter behandelt wird als das Vieh, wenn ihm bei jeder Gelegenheit das Kainszeichen der niederen Abkunft aufgebrannt wird. Es gehören ausgezeichnete, duldsame und doch energische Menschen dazu, den Neger und Mischling zu sich emporzuziehen.

In diesen Dingen hat allerdings die deutsche Missionstätigkeit zuweilen versagt.

In der Sozialdemokratie machen sich die Ansätze einer neuen Orientierung stark bemerkbar. Die Kolonialpolitik darf nicht mehr in das Armesünderecktchen gestellt werden. Sie muß mit frischen Kräften an die Bezwingung der kolonialpolitischen Aufgaben herantreten.

Am weitesten rechts in kolonialpolitischen Fragen steht vielleicht Gerhard Hildebrand, der vor einigen Jahren wegen seiner abweichenden Anschauungen aus der sozialdemokratischen

Partei ausgeschlossen wurde. Was er aber in seinem Büchlein „Sozialistische Auslandspolitik" sagt, klingt so selbstverständlich, daß man meinen sollte, kein Sozialdemokrat könne sich gegen die Durchsetzung seiner Gedanken sperren.

Seine Schrift ist entstanden aus Anlaß des Marokkokonflikts im Jahre 1911. Er erinnert daran, daß Bebel ausdrücklich hervorgehoben habe, daß auch die Sozialdemokraten das natürliche Verlangen hätten, daß Deutschlands Handel und industrielle Entwicklung unter den gleichen Bedingungen in Marokko sich vollziehen könne wie die jedes anderen Staates, daß also alle Staaten unter voller Gleichberechtigung in Marokko ihre Interessen vertreten dürften, daß keiner dem anderen vorgezogen werde, keiner seine Stellung mißbrauche, um die anderen zurückzudrängen.

An Zahlen und Tatsachen tritt Hildebrand dann den schlagenden Beweis an, daß Deutschland von Frankreich und England in seinen kolonialen Ausbreitungsbestrebungen fortgesetzt gehindert wurde. Und auf Seite 58 betont er:

„Der Krieg zwischen Kulturvölkern ist eine furchtbare Sache, ein Krieg zwischen den westeuropäischen Völkern wäre darüber hinaus noch eine schwere Gefährdung gemeinsamer Interessen der Außenwelt gegenüber . . . Aber gesichert kann der westeuropäische Völkerfriede nur werden, wenn an die Stelle der nationalistischen und kapitalistischen Vertretung von Sonderinteressen die sozialistische Anerkennung der Lebensbedingungen aller Beteiligten gesetzt wird. Darum ist ein solches Schachergeschäft, wie es jetzt zwischen Deutschland und Frankreich um Marokko und den französischen Kongo getrieben wird, nur ein Notbehelf. Auch die deutschen Sozialisten müssen erkennen lernen, daß es von deutscher Seite aus ein berechtigter Notbehelf ist, und müssen sich dazu durchringen, daß sie alle inneren deutschen Interessengegensätze und alle wohlbegründeten Beschwerden gegen eine kapitalistisch-oligarchisch geleitete Regierung ungeachtet um der Zukunft der gesamten deutschen Volkswirtschaft willen in diesem Punkte die Befriedigung der deutschen Ansprüche mit durchsetzen helfen ..."

Ich glaube, daß diese Ansichten heute von vielen sozialistischen Politikern geteilt werden und daß sich gerade die kolonialpolitischen Probleme nach dem Kriege in ganz anderer Weise in den Vordergrund stellen werden.

Der politische Massenstreik

Wer den Entwicklungsgang der Sozialdemokratie seit etwa 25 Jahren verfolgt hat, der wird die Beobachtung gemacht haben müssen, daß sich in die großen Tagesfragen der Politik immer energischer der Wille hineinschiebt, Reformen zu erreichen. Viele denkende Arbeiter huldigen nicht mehr dem Köhlerglauben, daß man nur den Mund aufzutun brauche, um sich die gebratenen Tauben in den Mund fliegen zu lassen. Vielleicht trug hier die gegenseitige Erziehungsarbeit dazu bei, daß die langgepflogene Alles- oder Nichtspolitik zu verhängnisvollen Trugschlüssen leiten kann. Man darf auch nicht vergessen, daß die Gewerkschaftsbewegung sich immer stärker bemerkbar machte, daß sie in raschem Aufstieg die zweite Million Mitglieder umfaßte und den Kreis ihrer Aufgaben sehr viel weiter ziehen mußte. Ich komme darauf noch in den folgenden Kapiteln zu sprechen.

In begriffliche Haarspaltereien über den Massenstreik kann ich mich hier nicht einlassen. Der wirtschaftliche Streik ist ein allgemein anerkanntes Mittel, seinen Willen in Lohn- und Arbeitsfragen durchzusetzen. Die Gewerkschaftsbewegung kann ohne den Streik nicht auskommen. In jedem Beruf, in jeder Fabrik ereignen sich Vorfälle, die zum Streik führen können. Ja, es ist möglich und die Praxis zeigt es, daß ganze Berufe, Gewerbe und Industriezweige in eine Streik- oder Aussperrungsbewegung hineingezogen werden können. Darum handelt es sich hier nicht.

Der politische Massenstreik beherrschte lange Zeit das Denken der Sozialdemokratie. Er verschwand nicht von der Bildfläche. Die großen Generalstreiks und Massenstreiks in anderen Ländern, die russische Revolution im Jahre 1905 und vieles mehr brachten den Gedanken an den politischen Massenstreik auch in Deutschland zur Reife. Bernstein war ein eifriger Befürworter, ihn unter gewissen Voraussetzungen zur Anwendung zu bringen.

Die politische Lage in Deutschland und namentlich in Preußen war nicht wolkenlos. In Preußen ging der Kampf um die Beseitigung des Dreiklassenwahlsystems, in anderen deutschen Ländern und Ländchen machte man kleine Staatsstreiche, verschlechterte die Landtags- und kommunalen Wahlrechte, kurzum tat manches, was bei den Arbeitermassen nicht beliebt machen konnte. Die Justiz und die Verwaltungspraxis tat ein übriges, die Massen unwillig zu machen.

Es gab weite Arbeitermassen, bei denen sich der Gedanke einzunisten begann, daß der politische Massenstreik oder der Generalstreik glücklich durchgeführt werden könne. Wehe den herrschenden Klassen! Diese rein theoretische Erörterung und Spielerei hätte man in den Kreisen der herrschenden Klassen viel harmloser werten müssen. Dagegen wurden in Breslau und anderswo, wo man mit dem politischen Massenstreik geliebäugelt hatte, harte Strafen verhängt. Der Redakteur der „Breslauer Volkswacht", Paul Löbe, erhielt im

Jahre 1906 rund ein Jahr Gefängnis, weil man aus seinem Leitartikel herausgelesen hatte, daß er die russische Revolution nach Deutschland verpflanzen wollte. Wie gesagt, an verschiedenen Orten bestanden sehr zugespitzte Verhältnisse, der Funken konnte zum Brand ausschlagen und blutige Kämpfe sich entwickeln. Ein anderes kam hinzu. So stark die wirtschaftlichen Organisationen der Arbeiter waren, so stark waren sie doch noch nicht, um das ganze Wirtschaftsgetriebe in Deutschland lahmzulegen. Der etwas prunkhaft klingende Satz:

„Alle Räder stehen still,
Wenn dein starker Arm es will"

war nichts weiter als eine blendende Marke. Die Literatur über den Massenstreik ist im letzten Jahrzehnt gewaltig angewachsen. Die Holländerin Henriette Roland-Holst, Karl Kautsky, Ed. Bernstein, Dr. Heinr. Laufenberg usw. haben sich die Finger wund geschrieben, um die Möglichkeiten und Voraussetzungen zu besprechen. Soweit es sich um historische Betrachtungen über den Wert und die Aussichten handelt, sind recht anerkennenswerte Resultate erzielt worden.

Da auf einmal fiel das Schlagwort: Generalstreik ist Generalunsinn. Diese Kassandrarufe mehrten sich; sie kamen aus der Mitte der Gewerkschaftsbewegung. Deren Führer wollten offenbar von der ganzen Sache nichts wissen. Sie sahen die Früchte ihrer jahrzehntelangen Arbeit bedroht. Das Hauptziel gewerkschaftlichen Strebens hat kein Geringerer als Karl Legien, der Vorsitzende der Generalkommission der Gewerkschaften Deutschlands, bei Beratung der Zuchthausvorlage im Jahre 1899 angedeutet: **die konstitutionelle Fabrik.** Durch den Tarifvertrag, der eine immer weitere Ausbreitung erfahren würde, durch den ganze Berufe, Gewerbe und Industriezweige erfaßt, wurde allmählich ein solches Kontraktverhältnis zwischen Unternehmertum und Arbeiterschaft hergestellt, daß beide Teile zufrieden sein könnten. Er schrieb das „Endziel" nicht in den Schornstein. Dazu war Legien ein viel zu guter Parteigenosse. Er und mit ihm die anderen mit der Führung der Gewerkschaften betrauten Parteigenossen konnten sich aber nicht der Tatsache verschließen, daß die **positiven Erfolge** der Gewerkschaften durch Massenstreikideen auf das höchste gefährdet werden könnten. Legien gehört ja überhaupt zu den klugen Strategen, die ihr Pulver nicht vorzeitig verschießen, die ihre ganze Gewerkschaftspolitik darauf zuschneiden, möglichst ruhig und sicher durch die brandenden Klippen hindurchzukommen. Die vorbildliche Tätigkeit Legiens hat ihre Bewunderer und ihre entschiedenen Bekämpfer gefunden. Legien ist aber allemal obenauf geblieben.

Dem Kämpfer und Agitator Bebel, der auch hier die Frage des politischen Massenstreiks in der breitesten Öffentlichkeit behandeln sollte, trat auf dem Mannheimer Parteitage 1906 Karl Legien entgegen, nachdem schon vorher auf dem Jenaer Parteitage die Frage verhandelt worden war und eine entsprechende Resolution angenommen wurde. Bebel stellte fest, daß ohne die Zustimmung der Gewerkschaften an die Ausführung eines Massenstreiks nicht gedacht werden könne. „Die bloße Tatsache, daß die Zahl der politisch organisierten Genossen nur 400 000 beträgt, muß jeden vernünftigen Menschen überzeugen, daß die Arbeitseinstellung dieser, selbst wenn auch ein gewisser Anhang dazu gerechnet wird, wirkungslos sein muß. Es sei überhaupt undenkbar, einen Massenstreik durchzuführen, ohne daß in den breitesten Massen die **Gesamtstimmung** dafür vorhanden sei. Das haben wir gesehen, als Mitte August v. J. die Führer der russischen Sozialdemokratie mit zwei Drittel Mehrheit den Massenstreik beschlossen. Dieser Massenstreik aber scheiterte, weil die große Mehrheit der Arbeiter und Arbeiterorganisationen erklärten, sie machten nicht mit. Das sollte eine beherzigenswerte Lehre für diejenigen sein, die da glauben, in jedem Augenblick sei ein Massenstreik zu machen."

In seinen weiteren Ausführungen exemplifizierte Bebel dann auf die Jenaer Resolution. Er sprach von Anschlägen auf das allgemeine, gleiche, direkte und geheime Wahlrecht und das Koalitionsrecht. Wenn diese kämen, dann handele es sich nicht mehr darum, daß sie wollen, sondern dann **müßten** sie den politischen Massenstreik inszenieren. Hier sei ein Punkt, wo es kein Feilschen und Handeln mehr gebe. Für Preußen lägen die Verhältnisse so, daß für die Beseitigung des Dreiklassensystems im Wege des Massenstreiks keine große Stimmung vorhanden sei. Man habe sich 50 Jahre um den preußischen Landtag nicht gekümmert. Liebknecht habe sogar gesagt, man solle den Landtag verfaulen lassen, und er selbst, Bebel, habe sich von einer Beteiligung an den preußischen Landtagswahlen nichts versprochen. Wie solle da die Stimmung in der Masse vorhanden sein!

Es ist unzweifelhaft, daß Bebel in Jena viel energischer und begeisterungsvoller für den politischen Massenstreik gesprochen hatte. Wenn er nun drei Schritte zurücktrat, so entsprang das durchaus sachlichen Motiven. Die Himmelstürmerei konnte bei Bebel nur vorübergehend den Blick trüben. Er war ein viel zu kluger Praktiker und Taktiker, als daß er es ernstlich mit den Gewerkschaften hätte verderben mögen.

Legien als Korreferent wußte vom Boden der praktischen Gewerkschaftsarbeit so viele und gründliche Argumente gegen den politischen Massenstreik anzuführen, wußte so schlagend die Situation zu beleuchten, wußte so nüchtern die Folgen und die voraussichtliche Niederlage zu malen, daß seine Darlegungen ihren Eindruck auf dem Parteitag nicht verfehlten.

Besonders warnte er davor, sich von vornherein auf ein bestimmtes Kampfmittel festzulegen. Das sei politisch verfehlt. Die Erfolge der Massenstreiks in den anderen Ländern beständen nur in der Phantasie. In Holland war der Massenstreik verfehlt, es kamen Streikgesetze. Streiks wie in Schweden könnten wir alle Tage in Deutschland herbeiführen; die Zustände in Österreich ließen sich mit denen bei uns gar nicht vergleichen. Auch auf die russischen Verhältnisse könne man nicht Bezug nehmen. Wir müßten in Deutschland die Kampfmittel wählen nach ihren Besonderheiten. Er verhehlte sich nicht, daß — es sollte wohl eine

Konzession an die radikale Richtung sein — wir in eine revolutionäre Periode hineinkommen würden —, weshalb aber jetzt schon die dann in Aussicht zu nehmenden Kampfmittel angeben?

Eine Glanzleistung bildeten aber die folgenden Ausführungen Legiens, die ich wörtlich wiedergeben muß, um die Situation von damals zu erhellen:

„Es ist in Deutschland über den politischen Massenstreik schließlich auch eine ganz andere Auffassung vorhanden, wie das Genosse Bebel jetzt in seinem Referate wieder zum Ausdruck gebracht hat, nämlich die, daß der politische Massenstreik zur Erreichung bestimmter politischer Ziele in Szene gesetzt werden kann, ohne daß er den Ausdruck eines revolutionären Ausbruchs erhält. Das ist so die allgemeine herrschende Auffassung, die allerdings in neuerer Zeit sich zu wenden scheint. Neuerdings finden wir, daß die Stimmen sich mehren, die den politischen Massenstreik gewissermaßen als den Anfang der Revolution betrachten. Bebel sagte freilich heute, daß diese Auffassung richtig sei, wolle er dahingestellt sein lassen; es sei jedenfalls ungeschickt, solche Auffassungen auszusprechen. Für noch viel ungeschickter halte ich es aber, wenn man dem Gegner sagt, welches Kampfmittel man zu gegebener Zeit anwenden will. Wenn man es für ungeschickt hält, eine solche Meinung auszusprechen, dann soll man diese Frage nicht erst zur Diskussion stellen, denn Einmütigkeit herrscht doch über die Frage, ob der Massenstreik in absehbarer Zeit durchführbar ist oder nicht, keineswegs.

Wenn man die Durchführbarkeit und Wirkung des politischen Massenstreiks untersucht, dann kann man nur von zwei Voraussetzungen ausgehen, entweder man sucht durch den politischen Massenstreik das ganze Betriebe des Staats lahmzulegen und dadurch die herrschenden Klassen zu zwingen, den Anforderungen des Proletariats nachzugeben, oder man betrachtet ihn als Demonstration nach außen, um zu zeigen, welche Massen heute für die Forderungen des Proletariats eintreten. Daß wir das erstere in der gegebenen Situation nicht können, darüber sind wir uns wohl klar. Um das Getriebe des Staates lahmzulegen, bedürfen wir in erster Linie der Organisation der Transportarbeiter, und diese, insbesonders die Eisenbahner, fehlen uns in der Organisation. Und glaubt man denn wirklich, daß, nachdem wir uns jahrzehntelang vergeblich bemüht haben, die Eisenbahner zu organisieren, nachdem wir ihnen jahrzehntelang vor Augen geführt haben, wie durch die Organisation ihre wirtschaftlichen Interessen gefördert werden, glaubt man wirklich, daß nun diese Leute sich durch die Idee des politischen Massenstreiks für unsere Bewegung gewinnen lassen? Ich glaube es nicht. Es fehlen uns also die Arbeitermassen, die in der Lage wären, das ganze Betriebe des Staats lahmzulegen. Andererseits soll als Demonstration der politische Massenstreik nicht benutzt werden, das hat ja Bebel besonders erklärt, indem er sagte: Wir dürfen unter keinen Umständen auf die Straße gehen, wir dürfen uns nicht zeigen."

Nun, ungefähr mit diesen Worten fuhr Legien fort, was nützt uns dann der Massenstreik, wenn wir nicht demonstrieren sollen? In der Metallindustrie und Holzindustrie, im Baugewerbe und in Teilen der Bekleidungsindustrie könnte vielleicht eine Arbeitseinstellung durchgeführt werden. In der Nahrungsmittelindustrie sei die Sache schon schwieriger, da mangele es an der ausreichenden Organisation. Aber selbst wenn es gelänge, was würde erreicht? Er verspreche sich davon nicht viel. Wenn es um Kopf und Kragen ginge, würden die Unternehmer nicht nachgeben.

Im übrigen hätten die Proletarier noch andere Mittel, um weiter zu kommen: Der Ausbau der Organisation dürfe nicht vernachlässigt werden.

Legien hielt überhaupt die ganze Diskussion über den politischen Massenstreik für gefährlich. Er verwies zum Schluß auf die Resolution des Kölner Gewerkschaftskongresses, die deutlich sage, daß alle zum Ziel führenden Mittel angewandt werden könnten. Nur vermeide diese Resolution die Festlegung auf ein bestimmtes Kampfmittel.

Auf die Diskussion will ich nicht eingehen. Sie brachte keine neuen Gedanken zu Tage.

Aus der mit großer Majorität angenommenen Resolution ist der Passus bemerkenswert, daß der sozialdemokratische Parteivorstand, sollte sich der politische Massenstreik notwendig machen, **ins Einvernehmen zu setzen hat mit der Generalkommission der Gewerkschaften Deutschlands**.

Wie die vorhergehenden Besprechungen der Entwicklung der sozialdemokratischen Partei gezeigt haben, so können wir auch bei dem Problem des politischen Massenstreiks beobachten, daß sie trotz aller revolutionären Phraseologie die Revolution auf den Sankt Nimmerleinstag gesetzt hat. Seit den neun Jahren sind mancherlei Erscheinungen im politischen Leben hervorgetreten, die eine **Verschärfung** des politischen Kurses bedeuteten. Dahin gehört vor allem das Sammeln von Material gegen angebliche Ausschreitungen der Gewerkschaften. Einige gewerkschaftliche Zentralverbände wurden für politisch erklärt und unter polizeiliche Aufsicht gestellt. Das Koalitionsrecht wurde in zahlreichen Orten, namentlich bei Streiks und Aussperrungen in einseitiger Weise angetastet. Die Unternehmer hatten den Gewinn, Polizei und Justiz bekamen viele Arbeit, ohne daß diese Einschnürungsmaßnahmen irgend welchen Erfolg gehabt hätten. Der „Reinigungsprozeß" hatte zur Folge, daß die Gewerkschafter tiefen Groll faßten gegen die Regierungs- und Verwaltungsmaßnahmen, weil sie sich in ihren materiellen und ideellen Rechten verkürzt sahen, im Gegensatz zu den Unternehmern, die mit ihren oft zweifelhaften Handlungen die Gefahren stärkerer Gegensätze zwischen sich und den Arbeitern mehr heraufbeschworen, als im Interesse des Staats gelegen war.

Kurz vor Ausbruch des Krieges haben die Gewerkschaften Material gesammelt, um den Verteidigungsfeldzug gegen die ihnen drohenden Gefahren mit Glück führen zu können. Der Ausbruch des Krieges machte allen Erdrosselungsversuchen der gewerkschaftlichen Bewegung oder — wie man es immer zu nennen versuchte — ein Ende.

Der politische Massenstreik aber wird — dessen bin ich gewiß — nicht wieder auf der Tagesordnung eines Parteitages oder Gewerkschaftskongresses erscheinen, wie ja die Gewerkschaften sich von jeher geweigert hatten, die Arbeiter einer Bluttaufe auszusetzen. Im preußischen Wahlrechtskampfe 1909 haben die Arbeiter durch ihre Straßendemonstrationen die Folgen in empfindlicher Weise zu spüren bekommen. Da handelte es sich um die Beseitigung des Dreiklassenwahlrechts und die Eroberung des allgemeinen, gleichen und direkten Wahlrechts. In den Parlamenten wurde Sturm gelaufen gegen das preußische Abgeordnetenhaus, und der sozialdemokratische Parteivorstand sandte sogar eine — o Ironie! — mit „Hochachtungsvoll ergebenst" unterschriebene Petition an das Haus, ohne damit Erfolg zu haben.

Diese in der Form seltsam anmutende Bitte machte viel böses Blut in den Kreisen der Anhängerschaft. Man soll aber erst beweisen, daß, wenn sie vielleicht an sich zwecklos war, die Bitte unhöflicher hätte vorgetragen werden sollen, um gehört und erfüllt zu werden.

Seit einer Reihe von Jahren sind nun im preußischen Landtag eine Reihe von Sozialdemokraten, deren Taktik mancher tadeln wird. Bei der Beratung der Wahlrechtsanträge haben sie jedoch den einzigen richtigen Weg gewählt, nämlich mitzuarbeiten an der Verbesserung innerer politischer Zustände. Ströbel bemühte sich, den von bürgerlicher Seite eingebrachten Anträgen gute Seiten abzugewinnen. Seine

Verbesserungsanträge bewegten sich in radikalen Bahnen; aber wenn es gelungen wäre, für den Landtag das allgemeine, gleiche Wahlrecht durchzusetzen, so wären sie heilfroh gewesen. Das preußische Wahlrecht sollte ja ein Gegengewicht bilden zum Reichstagswahlrecht; Besitz und Bildung sollten ihren überragenden Einfluß behalten, die Arbeiter zum Wahlrecht und als Abgeordnete zum Landtag nur insoweit zugelassen werden, als sie über ein bestimmtes Einkommen verfügten.

Den Widersinn des heutigen Landtagswahlrechts in Preußen geben heute alle Kreise zu, selbst die Konservativen. Nur das Wieviel an Rechten ist strittig, das den Arbeitern gegeben werden soll. Hoffentlich werden sich — wenn nicht während des Krieges, so doch nach ihm — eine Reihe schwerwiegender Mängel beseitigen lassen, die bei den bis jetzt Nichtbeteiligten Befriedigung hervorlocken.

Sozialdemokratie und Gewerkschaftsbewegung

Man muß in die Anfänge der Arbeiterbewegung zurückblättern, um zu erkennen, welche bedeutende Wandlungen in den Anschauungen sich vollzogen haben. Es gab damals viele Freunde und viele Feinde der Gewerkschaftsbewegung in der Sozialdemokratie. Es stiegen letzterer Befürchtungen auf, daß die Gewerkschaftsarbeit zur Versimpelung in der Kleinarbeit führen könne. Erreichen ließe sich doch nichts oder nicht viel. Bei diesen Debatten stößt man auf originelle Wendungen, die darauf hindeuten, daß die Sache sehr schwierig zu lösen war. Wir wissen, daß z. B. Fritzsche und andere sich die redlichste Mühe gaben, den Gegnern der Gewerkschaftsbewegung die Notwendigkeit der Gründung von Gewerkschaftsvereinen klar zu machen. Die Tabakarbeiter und Buchdrucker waren die ersten, die mit selbständigen Organisationen vorangingen. Man lese darüber Bebels kleine Broschüre: „Gewerkschaftsbewegung und politische Parteien". Im Allgemeinen Deutschen Arbeiterverein war es 1872 Tölcke, der für die Auflösung des Arbeiterunterstützungsverbandes eintrat. In Frankfurt a. M. und Hannover (1874) wurden ähnliche Reden gehalten und sogar dahingehende Beschlüsse gefaßt. In Hannover wurden diejenigen als Verräter gebrandmarkt, die fortfuhren, die Gewerkschaftsbewegung entgegen den früheren Beschlüssen der Generalversammlungen in den Vordergrund der Arbeiterbewegung zu drängen und dadurch die Agitation des Allgemeinen Deutschen Arbeitervereins in unverantwortlicher Weise zu schädigen. In der Eisenacher Richtung war es dagegen Tölcke, der die Gewerkschaften in eifrigster Weise förderte. Auf dem Erfurter Gewerkschaftskongreß (1872) wurde folgende Resolution angenommen:

„In Erwägung, daß die Kapitalmacht alle Arbeiter, gleichviel ob sie konservativ, fortschrittlich, liberal oder Sozialdemokraten sind, gleich sehr bedrückt und ausbeutet, erklärt der Kongreß es für heilige Pflicht der Arbeiter, allen Parteihader beiseite zu setzen, um auf dem neutralen Boden einer einheitlichen Gewerkschaftsorganisation die Vorbedingungen eines erfolgreichen kräftigen Widerstandes zu schaffen, die bedrohte Existenz sicherzustellen und eine Verbesserung ihrer Klassenlage zu erkämpfen."

Das Sozialistengesetz mähte die Gewerkschaften und die Parteiorganisationen hinweg. Von den Gewerkschaften blieben nur die Verbände der Buchdrucker, der Schiffszimmerer, der Sattler, Tapezierer und Lederarbeiter am Leben.

Nach dem Fall des Sozialistengesetzes kamen die Gewerkschaften wieder hoch, aber zunächst nur langsam, weil die einsetzende Krise bis zum Jahre 1895 dauerte. Nach einer von der Generalkommission der Gewerkschaften Deutschlands aufgenommenen Statistik waren 1891 in 62 Zentralverbänden 277 659 Mitglieder und in zehn Lokalverbänden zirka 10 000 Mitglieder.

Im Jahre 1899 waren 580473 Mitglieder in den vorhandenen 55 Zentralverbänden und 15946 Mitglieder in lokalen Vereinen. Je nach der Konjunktur und Situation mußten diese stark entwickelten Gewerkschaften Lohnkämpfe aller Art durchführen, mußten sich in verwickelte Aussperrungen einlassen und viel Ungemach über sich ergehen lassen. Es wurde ihnen aber auch der Wille geschärft, daß nur starke Organisationen gegen die mächtig wachsenden Unternehmerverbände ankämpfen können. Die von der Generalkommission aufgenommene jährliche Statistik über die Streiks und Aussperrungen, über die Erfolge und Nichterfolge ergeben die eine erfreuliche Tatsache, daß der Lebensstand weiter Schichten der Arbeiterschaft sich zu heben begann. Das sollte selbst die Unternehmer nicht wunder nehmen, denn der industrielle Aufschwung war nicht minder der Intelligenz und der Anpassungsfähigkeit der Arbeiterschaft zu danken. Damit wuchs aber in den Kreisen der Führer der Gewerkschaftsbewegung das **Verantwortlichkeitsgefühl** in hohem Maße. Die Köpfe der Arbeiter durften nicht mit utopischen Krimskram verquert werden, sollten auf dem Boden der Praxis verheißungsvolle Ausblicke auf die nächste Zukunft gewährt werden. Deshalb ist es verständlich, daß Karl Legien auf dem Mannheimer Parteitag so energisch gegen den Massenstreik sprach und alles verwarf, was den ruhigen Entwicklungsgang störend beeinflussen konnte. Übrigens waren um 1899—1900 die Gewerkschaften noch lange nicht auf ihren Höhepunkt angelangt, also noch bedeutend ausbaufähig. Die inneren Einrichtungen der

Gewerkschaften wie die finanzielle Leistungsfähigkeit wurden verbessert und damit die Garantien erst geschaffen, die notwendig waren, um auch Erfolge zu erzielen. Festzuhalten ist hier, daß den Gewerkschaftern die politische Betätigung nicht verwehrt werden sollte. Im Gegenteil! Die Träger und Führer der Gewerkschaftsbewegung waren die gleichen Personen, die sich auch führend in der Sozialdemokratie betätigten. Es wurden wiederholt Vereinbarungen getroffen, wonach ein wohltätiger Zwang gegen diejenigen sehr wohl am Platze sei, die sich nicht gleichzeitig auch in der politischen Bewegung betätigten. Zu diesem Zwecke wurden politisch-bildende Vorträge in den Gewerkschaften gehalten, und umgekehrt hielten die Gewerkschaftsführer solche Vorträge in den sozialdemokratischen Organisationen. Durch diese wechselseitige Betätigung sollte der Kern beider Bewegungen stabil bleiben, sollte der Bund, gediehen durch gemeinsame Interessen, um so fester gestaltet werden.

Die Statuten der Gewerkschaften erhielten einen immer mehr gemeinsamen Charakter, der sich aber streng an die Gegenwart hielt. Auf die Verbesserung dieser kam es allgemach an. Was die Gewerkschaften im Laufe ihrer Geschichte erreicht haben, steht heute unbestritten fest. Es ist ein kostbares Gut, daß sie zu behüten haben. Es ist ohne Zweifel, daß sie viele Verbesserungen in ihrem Arbeitsverhältnis erzielt haben. Marx sagt in einer Streitschrift gegen Proudhon über die Gewerkschaften, daß letzteren ein **ungeheurer Einfluß** auf die Entwicklung der Industrie zukäme, auch wenn sie keine andere Wirkung hätten als die, mechanische Erfindungen gegen sie wachzurufen; sonst aber sah er in ihnen die ersten Versuche des Proletariats, sich als Klasse zu organisieren, um dann im Kampfe von Klasse zu Klasse einen politischen Kampf zu führen. Er verglich sie mit der Koalition des Bürgertums gegen die Feudalherren, die anfangs auch nur partiell gewesen sei, bis die als Klasse konstituierte Bourgeoisie die feudale Herrschaft und die Gesellschaft nach ihrem Bilde umgestürzt habe.

In seiner Geschichte der deutschen Sozialdemokratie teilt Franz Mehring mit (4. Band, Seite 346 ff.), daß Lassalle kein Freund der Gewerkschaften war, daß dagegen seine Anhänger bald dahinterkamen, daß die Gründung von Gewerkschaften nicht zu umgehen sei, sobald solche Wünsche aus den eigenen Reihen der Arbeiter kamen. Immerhin gesteht Mehring auf Seite 346, 4. Band:

„Gewiß kann man sagen, daß sie dabei große Fehler begangen haben, aber das läßt sich kaum weniger von der anderen sozialdemokratischen Fraktion sagen, die im Jahre 1871 auf ihrem Stuttgarter Kongreß als die Hauptaufgabe der Gewerkschaften die Bildung und die Förderung gemeinsamer Produktivgeschäfte empfahl. Mag auch im großen und ganzen die Lassallesche Richtung das geringere Interesse und Verständnis für die Gewerkschaftsbewegung gehabt haben, so war doch der Unterschied keineswegs so groß, daß er ein entscheidendes Gewicht besäße für die Frage, weshalb sich die gewerkschaftliche Arbeiterbewegung in Deutschland langsamer entwickelt hat als die politische."

Das ist inzwischen anders geworden. Die gewerkschaft=

liche Bewegung wuchs der politischen über den Kopf weg. In den politischen Organisationen sind zurzeit etwa eine Million zu zählen, während die gewerkschaftliche Bewegung — jetzt im Kriege sind es ja dreiviertel Million weniger — rund zweiundeinhalb Millionen umfaßt. (Natürlich hat die sozialdemokratische Organisation durch den Krieg gleichfalls gelitten.) Seit etwa 1900 ist nun die Gewerkschaftsbewegung durch ihre neuen Einrichtungen (Sekretariate, Gewerkschafts= häuser, Arbeitslosenunterstützung usw.) an dem soliden Unter= bau sehr interessiert. Sie führt Lohnkämpfe vor wie nach, aber nicht des Selbstzweckes willen, sondern im Interesse der Hebung der materiellen und ideellen Lage ihrer Mit= glieder. Es kommt weiter hinzu, daß die Tarifver= tragspolitik ganz ungeahnte Fortschritte gemacht hat. Ein Tarifgesetz, durch das die Lohnkämpfe aus der Welt geschafft werden, steht wohl noch in weiter Ferne, womit nicht gesagt sein soll, daß es nicht noch kommt. Die großen Lohnkämpfe im Baugewerbe, Holzgewerbe, Bekleidungsgewerbe usw. führten zu Tarifverträgen, die teilweise für das ganze Reich abgeschlossen wurden. In der Metall=, Textil=, Nahrungs= mittelindustrie, im Verkehrsgewerbe wurden örtliche und andere Tarife abgeschlossen, die dem Ausbau des Tarif= gedankens näher kamen. Es sind, wie gesagt, nur Ansätze einer neuen Gewerkschaftspolitik, aber doch Ansätze, die recht gute Aussichten gestatten. Störende Eingriffe müssen vermieden werden, wenn das ganze mühselige Werk nicht in die Brüche gehen soll. Von diesen Gesichtspunkten ausgehend, mußten die Gewerkschafts=

führer ihren ganzen Einfluß aufbieten, um die politischen Führer, die im Laufe der Jahre wechselten und sich nicht immer mehr identifizierten, auf die Beschränkung ihrer eigentlichen Aufgaben zurückzuweisen.

Die Verlegung der Generalkommission von Hamburg nach Berlin verfolgte den Zweck, durch eine gegenseitige Aussprache jedesmal eine Einigung zu erzielen über die durchzuführenden Aktionen. Die Grenzgräben mußten neu gesteckt werden. Der Klassenkamf sollte nicht ausgeschaltet, aber doch so geführt werden, daß der Klassenhaß nicht unnötig geschürt wurde.

Die Parteitage haben sich wiederholt und eingehend mit dem Verhältnis beider Arme der Arbeiterbewegung beschäftigt. Die Schwierigkeit bestand eben darin, daß die sozialdemokratische Partei als die eigentliche Gründerin der Gewerkschaften die Oberhand über die ganze Bewegung behalten wollte. Die Gewerkschaften waren aber der sozialdemokratischen Bewegung über den Kopf gewachsen. Es hatten sich so verschiedenartige und schwierige Probleme der Gewerkschaftspolitik und -taktik ergeben, daß man sich ein Hineinreden ernstlich verbitten mußte. Man suchte zunächst den Weg der Parität, d. h. jeder Teil arbeitet in den ihm gesteckten Grenzen weiter. Erheischt es die Gesamtinteressen der Arbeiterbewegung, dann treten die leitenden Instanzen zu Besprechungen zusammen und beraten Mittel und Wege, um diesen oder jenen Plan zum Reifen zu bringen.

Der Parteitag in Mannheim schüttelte energisch die Anarchosozialisten und die lokalistischen Quertreiber ab. Sie sollten keinen Raum haben zur eventuellen Ausführung ihrer unverantwortlichen Pläne, die nur einer Katastrophe zutreiben, die den verantwortlichen Gewerkschaften unerwünscht und im höchsten Grade töricht erscheine. Zwar sträubten sich die mit ihnen insgeheim Verbündeten und rechneten aus, daß ihre Ideen ganz gut seien, aber die große Masse der Delegierten wollte davon nichts wissen. Karl Liebknecht entwickelte in Mannheim einen famosen Plan, der dahin ging, eine organische Einheit zwischen der Partei und der Gewerkschaftsbewegung zu schaffen. Er verwies auf Dänemark, Österreich, Holland, Belgien und Schweden. Der Gleichberechtigungsgedanke müsse dabei natürlich zum Ausdruck kommen.

In dieser Weise wurde polemisiert. Indes kam es nicht zu einem so löblichen Beginnen. Die Gewerkschafter waren viel zu klug, sich aufs Glatteis führen zu lassen.

Verhandeln über diese oder jene Frage wollten sie, das entsprach dem demokratischen Geiste, von dem die Führer geleitet waren. Es ist merkwürdig, je stärker die Gewerkschaftsbewegung wurde, desto mehr wollte die politische Bewegung zu sagen haben. Letztere hatte ganz vergessen, daß mit der Reife auch die Mündigkeitserklärung verbunden ist. Die Gewerkschaftsbewegung war in dieser Lage, sie war der Tragpfeiler der gesamten Arbeiterbewegung geworden*). Die praktische Tagespolitik — hinsteuernd auf die konstitutionelle

---

*) Damit soll der relativ hohe Wert der politischen Bewegung nicht verkleinert werden.

Fabrik — war zunächst das entscheidende Ziel. Das „Endziel" gehörte nicht zum Programm der Gewerkschaftsbewegung! Im Reichstage mehrten sich die Anträge, die von sozialdemokratischer Seite kamen und die sich lediglich mit praktischen Arbeiterfragen beschäftigten, das Gebiet der Sozialreform betrafen und dem vermehrten Arbeiterschutz das Wort redeten. In der Reichstagsfraktion wurden die Gewerkschaftsführer die treibenden Elemente. Welche heißen Kämpfe sich wohl oftmals um diese oder jene Frage abgespielt haben mögen! Wie oft wohl die agitatorische Phrase im Keim erstickt wurde! Wie oft und oft wohl bei diesem oder jenem Radikalen der Zorn ausbrach, wenn er sein „Endziel" wieder auf einige Zeit einschachteln mußte!

Und hatten die Gewerkschaftsführer in der Fraktion nicht recht? Die Arbeiter verlangten Brot und Arbeit, Schutz vor den gegenwärtigen Gefahren im Betrieb, eine gesunde Sozialreform.

Dazu kamen die Errungenschaften der Gewerkschaften. Durfte man diese leichtfertigerweise auf das Spiel setzen, einem Idol zuliebe, das mehr in Nacht und Nebel zerrann? Die Dinge stehen heute so und standen seit der Übersiedelung der Generalkommission so: Die Gewerkschaften und ihre verantwortlichen Führer hatten **faktisch das Übergewicht bekommen über die politische Bewegung**. Das kam — rechnerisch betrachtet — weniger daher, weil sie der Zahl nach kräftiger dastanden als die politische Bewegung, sondern weil sie auch das historisch Gewordene, das, was zur Blüte der Gesamtbewegung geführt hatte, verteidigen mußte. Karl Kautsky hat in seiner Broschüre: „Der Weg zur Macht" den Nachweis zu führen versucht, daß die Gewerkschaften nur bis zu einem gewissen Grade Erfolge erzielen könnten. Er ist nicht müde geworden, zu betonen, daß es sich in den Lohnkämpfen letzten Endes nur um die Durchsetzung ganz winziger Vergünstigungen handeln könne, und er hat darauf hingewiesen, daß die große Masse des Volkes in den elendsten Verhältnissen dahin vegetieren müsse, ohne einen nennenswerten Anteil am Produktionsertrag zu erreichen. Paul Umbreit hat dieses düstere Bild ein wenig verstrichen und an der Hand von unwiderlegbaren Tatsachen — und nicht auf Grund theoretischer Betrachtungen — nachgewiesen, daß dem nicht so sei. Die von den Zentral= verbänden geführten Statistiken über die Ausfälle von Lohn= kämpfen usw. zeigten zur Genüge, daß die Gewerkschafts= bewegung nicht nur auf das fruchtbarste gearbeitet habe, sondern daß große Gewerkschaftskreise ihren Anteil am Produktionsertrag nicht unbeträchtlich gesteigert hätten.

Die Gewerkschaftsführer legen deshalb vor allem Gewicht darauf, daß der Rahmen der Organisation erweitert wird, daß neue Gruppen von Organisationsfähigen ihm ein= gegliedert werden (Land= und Heimarbeiter, Verkehrs= und Eisenbahnarbeiter). Gewiß, die Hemmnisse sind groß, aber sind sie unüberwindlich? Darin zeigt sich gerade die Zähig= keit des Gewerkschafters, daß er nicht gleich in Kleinmut ausbricht, wenn ihm nicht gleich alles gelingt und recht rasch. Wir wissen wohl, daß wir jetzt mit einem ganz anderen Unternehmertyp zu rechnen haben, denn früher.

Adolf Braun sagt darüber in seinem schönen Werk: „Die Gewerkschaften, ihre Entwicklung und Kämpfe":
„Wir sehen einen durchaus neuen Unternehmer erstehen, dem fast jede Ähnlichkeit fehlt mit dem Unternehmer aus früherer Zeit. All die Mittel, auf den Unternehmer zu wirken, die früher üblich waren, müssen heute neu geprüft, mit sehr kritischem Auge betrachtet werden. Der Unternehmer ist heute zu einer Tausenden von Arbeitern unverständlichen Unpersönlichkeit gediehen. Er hört von Jahr zu Jahr mehr auf, ein Mensch von Mitgefühl, von Anteil und Interesse für die Arbeiter zu sein. Es ist eine der wichtigsten Erkenntnisse der Arbeiter, daß sie verstehen, daß der Unternehmer von heute das wirtschaftliche Interesse allein entscheiden läßt, daß er nur durch wirtschaftliche Erwägungen bestimmt wird und daß ihm alles, was der Durchsetzung seiner wirtschaftlichen Zwecke entgegensteht, als eine Störung seiner Wirksamkeit erscheint. Diese Gedankenrichtung wirkt bei großem Unternehmertum, aber auch beim kleinen. Überall wird die Lehre gepredigt, daß die Unternehmer in schroffster Rücksichtslosigkeit ihre Unternehmungen zur Blüte und zum Erfolg führen, daß sie sich von jeder leicht auf Abwege führenden Rücksicht auf Konsumenten oder Arbeiter fernhalten müssen."

Aus diesen Darlegungen ergibt sich nun nicht, daß mit forschem Draufgängertum mehr zu erreichen ist, als durch ein behutsames Schritt-vor-Schritt-gehen. Vor einiger Zeit hörte ich von einem in der Industrie stehenden Ingenieur einen Vortrag, in dem er sagte, daß heute nicht mehr der

Unternehmer, sondern der angestellte **Syndikus** verhandele mit dem Arbeiter über Lohn und Arbeitsverhältnisse. Dieser habe unter Berücksichtigung aller einschlägigen Verhältnisse zu prüfen, ob Verbesserungen in Lohn und Arbeitsweise erträglich seien und den Betrieb nicht allzu stark belasteten.

Es ist deshalb ein Unfug, anzunehmen, daß der in der Gewerkschaft organisierte Arbeiter mit seinen Berufskollegen das Klassen„kämpferische" und Klassen„hässerische" scharf betonen müsse, etwa in dem Sinne:

„Und bist du nicht willig,
so brauch ich Gewalt."

Wir dürfen nicht nachlassen, den steinigen Boden zu lockern, müssen uns aber bewußt bleiben, den beschwerlicheren, aber sichereren Weg zum Aufstieg nicht zu verlieren.

Im Verhältnis zu den Regierungen steht die Sache nicht anders. Man hat diese gern als nichts weiter als Ausschüsse der herrschenden Klassen bezeichnet, die deren Interessen, so gut oder so schlecht es geht, verwalten. Taugen sie was, dürfen sie bleiben, taugen sie nichts, so werden sie an die frische Luft gesetzt.

In der **Verallgemeinerung** des Satzes liegt meines Erachtens die **Fehlerquelle**. Der Regierungsmann ist, wie zahlreiche Beispiele aus alter und neuer Zeit zeigen, durchaus nicht immer der Spielball der Unternehmer. Er kann mit eigenem Willen ausgerüstet, manches und vieles auch **gegen** den Willen der Unternehmer durchsetzen.

Man darf niemals vergessen, daß er als Regierungs=

vertreter die gegenseitigen Interessen sagen wir wohlwollend abwägen soll, daß er oft zufrieden sein muß, wenn ihm sein vorgesetztes Ziel nur halb gelingt. So mancher Minister ging, weil er während seines Amtes **gegen** die angeblichen Interessen des Unternehmertums sündigte.

(Fürst Bülow fiel gegen die Konservativen, und bei Wermuth verhält sich die Sache ähnlich.)

Ich stelle aber noch einmal fest, daß **die moderne Gewerkschaftsbewegung kraft ihrer Entwicklung die Führerin in der gesamten Arbeiterbewegung geworden ist.** Und das ist gut so!

Der Traum vom Endziel

In meiner Jugend war nichts interessanter als eine Debatte über das „Endziel". Im Kreise von Seminaristen und jungen Lehrern, die noch den sozialistischen Idealen zugänglich waren, wurde der Faden des Endzieles gesponnen. Und gerade diejenigen waren es, die aus dem Proletariat gekommen waren und mit ihm noch in engster Fühlung standen. Wir träumten alle mehr oder weniger von einem Zusammenbruch der kapitalistischen Gesellschaftsordnung. Der Kapitalismus würde an der ihm eigenen Dialektik zugrunde gehen. Wir besprachen auch die Frage, ob sich der Sozialismus nur auf Deutschland beschränken oder etwa auf ganz Europa oder gar den ganzen Erdball erstrecken würde. Wir ahnten, daß da noch viele Probleme offen lagen, die wir zurzeit nicht lösen konnten. Es fiel uns bei, daß die Entwicklungsstufe und Struktur jeder Nation verschieden sei, daß deshalb zur Einführung der sozialistischen Produktionsweise sehr wichtige Voraussetzungen und Bedingungen erforderlich seien. Indessen tauchten alle diese Fragen nur im Hintergrunde unseres Bewußtseins auf. Wir mochten denken: Kommt Zeit, kommt Rat.

Ich selbst war erfüllt von dem Traum an das Endziel. Wie das in unserer Jugend üblich war, fütterten wir uns stark mit sozialistischer Lektüre, hatten dabei die Bewegungs=

und Entwicklungsgesetze in der Geschichte der Staaten und
Menschen viel zu wenig kennen und erkennen gelernt und
hatten daher gar keine Ahnung von den außerordentlich
komplizierten Gesetzen, von denen der Kapitalismus beherrscht
war und ist.

Es war mir aber persönlich klar, daß die sozialistische
Gesellschaft nur durch die soziale Revolution eingeläutet
werden könnte.

Natürlich hielten wir sozialistischen Allerweltsmenschen
uns sittlich auch für weit bessere Menschen. Die Kapitalisten
waren Genußmenschen, die nichts taten, die sich von der
Hände Arbeit anderer ernährten, die im Grunde genommen
schlecht geartet seien — verdorben durch das Geschäft, das
nur den Egoismus kennt.

So dachte ich als junger Mann!

Richtig ist allerdings, daß von den vielen sozialistischen
Schriften, die ich las oder vielmehr verschlang, und von den
vielen Reden, die ich hörte, gar manches mich seltsam an=
mutete. Das „Kommunistische Manifest" gehörte zu meiner
Lieblingslektüre — ich prägte mir charakteristische Stellen
wörtlich ein, um politischen Gegnern von mir damit auf=
warten zu können, wenn sie mir mit irgend etwas mir un=
richtig Erscheinendem in die Quere kommen sollten. Ich
gestehe weiter, daß ich manches nicht recht begriff; ja, daß
es viel war, was mir von der sozialistischen Gesellschaft
rätselhaft erschien, merkte ich erst viel später. Nichtsdesto=
weniger war ich jedesmal entrüstet, wenn man an Karl
Marx herumnörgelte, wenn diesem oder jenem Professor

dieses oder jenes an ihm mißfiel. Ich war damals, im 18.—20. Lebensjahr, in Hamburg ein eifriger Hörer der öffentlichen Vorlesungen der Hamburger Oberschulbehörde, und wenn ich meine alten Tagebücher wieder aufblättere, so steigen interessante Erinnerungen in mir auf.

Bei vielen jugendlichen Sozialdemokraten wird sich die Entwicklung wohl ähnlich abgespielt haben: Man hörte den starken Flügelschlag der Zeit, berauschte sich an den Bildern und Farben, die uns aus den Marx-Engelschen Schriften entgegenglühten, und wartete . . . auf die Revolution? — auf das Endziel?! —

Vielleicht wird dieses Stimmungsbild aus der Jugendzeit manches erklären, was mich später gedanklich und stimmlich in eine andere Geistesrichtung brachte. In eine andere? Nein, so weit will ich nicht gehen, aber das Durchdenken der Probleme der Gesellschaftswissenschaft geschah doch in einer ganz anderen Weise.

Und gerade das „kommunistische Manifest" war es, das mir die Endziel-Mucken*) austrieb, das mir — je öfter ich es las — unverständlicher wurde. Vielleicht war es gut, daß man durch die politischen Tagesfragen, durch die politische und gewerkschaftliche Tätigkeit mit ganz anderem, kritischerem Geiste den Entstehungs- und Entwicklungsprozeß der kapitalistischen Gesellschaft beobachtete.

Das von Karl Kautsky mit einem Vorwort herausgegebene „kommunistische Manifest" (1906) soll nun in bezug auf die

---

*) Die soziale Demokratie ist auch in der Monarchie möglich.

Grundsätze, die es entwickelt, die Methode, zu der es anleitet, die Charakterisierung der heutigen Produktionsweise bis auf den Tag die g l e i c h e Bedeutung haben wie im Jahre 1847, als es entworfen wurde. Wir hören von Verelendung der Masse, Wiederkehr der Krisen, die immer gewaltiger werden, Zusammenstößen u. a. m.:

„Die bürgerlichen Produktions- und Verkehrsverhältnisse, die bürgerlichen Eigentumsverhältnisse, die moderne bürgerliche Gesellschaft, die so gewaltige Produktions- und Verkehrsmittel hervorgezaubert hat, gleicht dem Hexenmeister, der die unterirdischen Gewalten nicht mehr zu beherrschen vermag, die er herauf beschwor. Seit Dezennien ist die Geschichte der Industrie und des Handels nur die Geschichte der modernen Produktivkräfte gegen die modernen Produktionsverhältnisse, gegen die Eigentumsverhältnisse, welche die Lebensbedingungen der Bourgeoisie sind. Es genügt, die Handelskrisen zu nennen, welche in ihrer periodischen Wiederkehr immer drohender die Existenz der ganzen bürgerlichen Gesellschaft in Frage stellen. In den Handelskrisen wird ein großer Teil nicht nur der erzeugten Produkte, sondern der bereits geschaffenen Produktivkräfte regelmäßig vernichtet. In den Krisen bricht eine gesellschaftliche Epidemie aus, welche allen früheren Epochen als ein Widersinn erschienen wäre — die Epidemie der Überproduktion. Die Gesellschaft findet sich plötzlich in einen Zustand momentaner Barbarei zurückversetzt; eine Hungersnot, ein allgemeiner Vernichtungskrieg scheinen ihr alle Lebensmittel abgeschnitten zu haben; die Industrie, der Handel scheinen vernichtet, und warum? Weil sie zu viel Zivilisation, zu viel Lebensmittel, zu viel Industrie, zu viel Handel besitzt. Die Produktivkräfte, die ihr zur Verfügung stehen, dienen nicht mehr zur Beförderung der bürgerlichen Eigentumsverhältnisse; im Gegenteil, sie sind zu gewaltig für diese Verhältnisse geworden, sie werden von ihnen gehemmt; und sobald sie dies Hemmnis überwinden, bringen sie die ganze bürgerliche Gesellschaft in Unordnung, gefährden sie die Existenz des bürgerlichen Eigentums. Die bürgerlichen Verhältnisse sind zu eng geworden, um den von ihnen erzeugten Reichtum zu fassen. — Wodurch überwindet die Bourgeoisie die Krisen? Einerseits durch die erzwungene Vernichtung einer Masse von Produktivkräften, anderseits durch die Eroberung neuer Märkte und die gründlichere Ausbeutung alter Märkte. Wodurch also? Dadurch, daß sie allseitigere und gewaltigere Krisen vorbereitet und die Mittel, den Krisen vorzubeugen, vermindert ..."

Karl Marx und Engels entwickeln nun den Gedanken, welche Rolle der Proletarier im Produktionsprozeß spielt. Dieser organisiert sich, und mittels dieser Organisation lernt er seine Energien zu gebrauchen, sich dagegen zu wehren:

„Aber mit der Entwicklung der Industrie vermehrt sich nicht nur das Proletariat; es wird in größeren Massen zusammengedrängt, seine Kraft wächst und es fühlt sie mehr. Die Interessen, die Lebenslagen innerhalb des Proletariats gleichen sich immer mehr aus, indem die Maschinerie mehr und mehr die

Unterschiede der Arbeit verwischt und den Lohn fast überall auf ein gleich niedrigeres Niveau herabdrückt. Die wachsende Konkurrenz der Bourgeoisie unter sich und die daraus hervorgehenden Handelskrisen machen den Lohn der Arbeiter immer schwankender; die immer rascher sich entwickelnde, unaufhörliche Verbesserung der Maschinerie macht ihre ganze Lebensstellung immer unsicherer; immer mehr nehmen die Kollisionen zwischen dem einzelnen Arbeiter und dem einzelnen Bourgeois den Charakter von Kollisionen zweier Klassen an. Die Arbeiter beginnen damit, Koalitionen gegen die Bourgeois zu binden: sie treten zusammen zur Behauptung ihres Arbeitslohnes. Sie stiften selbst dauernde Assoziationen, um sich für die gelegentlichen Empörungen zu verproviantieren. Stellenweise bricht der Kampf in Emotion aus..."

„Alle bisherigen Bewegungen waren Bewegungen von Minoritäten oder im Interesse von Minoritäten. Die proletarische Bewegung ist die selbständige Bewegung der ungeheuren Mehrzahl im Interesse der ungeheuren Mehrzahl. Das Proletariat, die unterste Schicht der jetzigen Gesellschaft, kann sich nicht erheben, nicht aufrichten, ohne daß der ganze Überbau der Schichten, die die offizielle Gesellschaft bilden, in die Luft gesprengt wird... Obgleich nicht dem Inhalt, ist der Form nach der Kampf des Proletariats gegen die Bourgeoisie zunächst ein nationaler. Das Proletariat eines jeden Landes muß natürlich zuerst mit seiner eigenen Bourgeoisie fertig werden.

„Indem wir die allgemeinsten Phasen der Entwicklung des Proletariats zeichneten, verfolgten wir den mehr oder minder versteckten Bürgerkrieg innerhalb der bestehenden Gesellschaft bis zu dem Punkt, wo er in eine offene Revolution ausbricht und durch den gewaltsamen Sturz der Bourgeoisie das Proletariat seine Herrschaft begründet..."

Diese Auffassung hatten Marx und Engels vor bald 70 Jahren, und heute meinen Kautsky und andere, sie bestände noch zu Recht. Dieser fatalistische Glaube dürfte aber bei anderen denkenden Menschen nur wenige Anhänger finden, um so weniger, als der Weltkrieg jetzt einen dicken Strich durch diese Rechnung gemacht hat. Die Lage der Arbeiter wird schwarz in schwarz gemalt. Unglaublich komisch mutet der Satz an, daß die Löhne fast überall auf gleichem Niveau seien. Der Krisengedanke wird mit Vehemenz ausgemalt und der Zusammenbruch, die große Katastrophe, verkündet. In dem einen Lande geht es los und die andern Länder folgen, ohne daran zu denken, daß die Entwicklung und Struktur eines jeden Landes verschieden ist von der des andern. Es wird auch nicht mal der Unterschied eingeflochten, ob es sich um ein vorwiegend Agrar- oder Industrieland handelt. Rumänien, ein Agrarland, muß genau so der Revolution unterliegen wie etwa Deutschland, unbekümmert darum, ob die Vorbedingungen dafür vorliegen.

Doch es handelt sich in dieser Arbeit nicht darum, die eklatanten Widersprüche und Unklarheiten im kommunistischen Manifest aufzudecken, sondern um den Gedankengang

Der Traum vom Endziel 77

herauszuarbeiten, der noch bis vor wenigen Jahren in der Arbeiterbewegung gang und gäbe war.

Im Erfurter Programm, das, wie bereits früher gesagt, in einen prinzipiellen und praktischen Teil zerfällt, werden zunächst die Gegensätze zwischen der kapitalistischen und der proletarischen Welt beleuchtet. Wir stoßen da auf mancherlei Anklänge an das Kommunistische Manifest. Vor allen Dingen wird hervorgehoben, daß mit der Ausdehnung des Weltverkehrs und der Produktion für den Weltmarkt die Lage der Arbeiter eines jeden Landes immer abhängiger wird von der Lage der Arbeiter in den anderen Ländern. In dieser Erkenntnis fühle und erkläre die sozialdemokratische Partei sich eins mit den klassenbewußten Arbeitern aller anderen Länder.

Ich habe bereits in den vorhergehenden Kapiteln darauf hingewiesen, daß der Entwicklungsgang der kapitalistischen Gesellschaft nicht den Weg nahm, den das kommunistische Manifest und Erfurter Programm annahmen, und daß auch die Entwicklung der sozialdemokratischen Partei die revolutionär-katastrophalen Bahnen verlassen mußte. Die Parteitagsverhandlungen und viele andere gravierende Erscheinungen beweisen das.

Eduard Bernstein hat als erster ein revisionistisches Programm aufgestellt, das die theoretische Begründung des Erfurter Programms ansicht. Von den ersten sechs Sätzen desselben unterschreibt er keinen einzigen, und er hat das in Schriften und Reden ausführlich begründet:

1. Daß der Kleinbetrieb namentlich in der Landwirtschaft

den Untergang naturnotwendig zur Folge hat, ist wissenschaftlich nicht festzustellen;

2. daß die Armee der überschüssigen Arbeiter „immer massenhafter" wird, ist zweifelhaft, und unrichtig, daß der Klassenkampf zwischen Bourgeoisie und Proletariat die moderne Gesellschaft in zwei feindliche Lager trenne;

3. daß die Krisen immer umfangreicher und verheerender werden, ist nicht unmöglich, aber aus verschiedenen Gründen fraglich geworden;

4. daß das Privateigentum an den Produktionsmitteln heute zum Mittel geworden ist, den Bauern zu expropriieren, ist wissenschaftlich nicht festzustellen;

5. daß die sozialistische gesellschaftliche Umwandlung nur das Werk der Arbeiterklasse sein kann, trifft nicht zu. Nach Bernstein müßte es heißen: muß in erster Linie das Werk der Arbeiterklasse sein. Abgesehen von einigen Gruppen und Grüppchen ist die große Masse der denkenden Sozialdemokraten längst von der Auffassung abgekommen, daß wir auf die im kommunistischen Manifest und Erfurter Programm skizzierte Weise in den Zukunftsstaat hineinmarschieren. Der Traum vom Endziel verbleicht mehr und mehr. Bebels Prophezeiungen, der ja den „Umsturz" oder „Umschwung" wiederholt angezeigt hat und offen sich darüber aussprach, wenn ihm spöttische Bemerkungen zugerufen wurden, war viel zu sehr geneigt, Massenstimmungen Rechnung zu tragen. Er machte aus seinem Herzen keine Mördergrube und huldigte der Anschauung, daß es zur Heranziehung und Heranbildung der Arbeitermassen nur bei-

tragen könne, wenn man das „Endziel" möglichst schwung=
voll anpries.

Unter den sozialistischen Theoretikern der Gegenwart ist
es wohl nur Karl Kautsky (zu dem noch die Unentwegten
kommen), der die soziale Revolution in Aussicht stellt. Im
Jahre 1902 hat er in Amsterdam und Delft (Holland) je
einen Vortrag über die soziale Revolution gehalten. Die
Vorträge sind dann im Druck erschienen, und jeder kann sich
seinen Text dazu machen. Das erste Heft betitelt sich:
„Sozialreform und soziale Revolution", das zweite Heft: „Am
Tage nach der sozialen Revolution". Der behandelte Stoff
gehört innerlich zusammen, und wer Kautskys theoretische
Schriften kennt, weiß, daß er sehr gründlich, wenn auch
oft einseitig zu Werke geht. Kautsky gehört ja überhaupt
zu den Stubengelehrten, die — im Gegensatz zu etwa Eduard
Bernstein, der, solange er wieder in Deutschland ist, prak=
tische Tagespolitik treibt — nur hinter dem Schreib=
tisch spintisieren und gern sich die Entwicklung so ausmalen,
wie sie sie haben möchten.

Auf Seite 20 sagt er: „Wir haben gefunden, daß die
soziale Revolution ein Produkt besonderer historischer Vor=
bedingungen ist. Sie setzt nicht bloß hochgespannte Klassen=
gegensätze voraus, sondern auch einen nationalen Groß=
staat, der alle provinziellen und kommunalen Sonderrechte
aufhebt, und der sich aufbaut auf eine Produktionsweise,
die ebenfalls nivellierend gegenüber jedem Partikularismus
wirkt; ferner eine durch Bureaukratie und Militarismus
kraftvolle Staatsgewalt, eine Wissenschaft der politischen

Ökonomie und ein schnelles Tempo des ökonomischen Fortschritts.

„Keiner dieser Faktoren der sozialen Revolution ist in den letzten Jahren abgeschwächt worden, jeder wurde vielmehr verstärkt. Nie war das Tempo der ökonomischen Entwicklung ein rapideres, nie war ökonomische Einsicht so weit verbreitet wie heute, nie waren die herrschenden Klassen wie die Volksmassen so sehr in der Lage, die fernerliegenden Konsequenzen ihres Tuns und Strebens zu erfassen. Das allein weist schon darauf hin, daß wir den ungeheuren Übergang von Kapitalismus zum Sozialismus n i c h t unmerklich vollziehen, daß wir n i c h t die Herrschaft der ausbeutenden Klassen langsam aushöhlen können, ohne daß diese sich bewußt werden, sich dagegen zur Wehr setzen und ihre ganzen Machtmittel zur Niederhaltung des an Kraft und Einfluß wachsenden Proletariats in Anwendung bringen . . ."

Man könnte dieses ganze Gedankenbündel damit abtun, indem man auf den W e l t k r i e g verweist, der die „unüberbrückbaren" Gegensätze zwischen Kapital und Arbeit zwar keineswegs aufgehoben, aber wenigstens zurzeit außer Kraft gesetzt hat*). In der zweiten Schrift entrollt nun Kautsky seine Ansichten, was geschehen müsse, wenn die soziale Revolution eingetreten und das Endziel da sei. Es liest sich nun nicht gerade so schön wie etwa das herrliche

---

*) Was sich n a c h dem Kriege herausbildet, darüber lassen sich zurzeit nur Vermutungen anstellen. Das Prophezeien gehört aber nicht zu meiner Aufgabe.

Zukunftsbild, das Goethe in seinem „Wilhelm Meister" entwirft. Aber immerhin war es nicht ganz unberechtigt, daß Kautsky den Versuch unternahm, die sozialistische Gesellschaft und ihre Aufgaben in großen Zügen zu zeichnen. Ja, das war eigentlich notwendig, denn der Presse und den Rednern der Sozialdemokratie ist es oft und oft vorgehalten worden: Wenn die kapitalistische Gesellschaftsordnung so schlecht sei und die sozialistische Gesellschaftsordnung besser sein werde, man auch den Beweis antreten müsse. Die Sozialdemokratie hat es jedesmal abgelehnt, darauf zu antworten. Es genüge, wenn sie beweise, daß sich aus den gegenwärtigen Verhältnissen gewissermaßen dialektisch ein neuer Zustand der Dinge entwickeln müsse. Im einzelnen nun die sozialistische Gesellschaftsordnung, ihre Produktions- und Konsumtionsmethoden, ihre Verfassungs- und Verwaltungsmethoden zu schildern, falle aus dem Rahmen der Aufgaben der Sozialdemokratie.

Kautsky hat es nun aber doch getan! Freilich begrenzt er von vornherein seine Aufgabe. Das ist begreiflich. Ich kann mich nicht im einzelnen auf eine Kritik der Kapitel von der Expropriation der Expropriateure, der Konfiskation oder Ablösung, der Heranziehung der Arbeiter zur Arbeit, der Steigerung der Produktion, der Organisierung des Produktionsprozesses, der Reste des Privateigentums an den Reproduktionsmitteln, der geistigen Produktion, der psychologischen Vorbedingungen der Herrschaft des Proletariats einlassen.

Es handelt sich zweifellos um einen ehrlichen Versuch, sich über das Wesen und die ungeheuer komplizierten Aufgaben der sozialistischen Gesellschaft klar zu werden. Ob die materielle, geistige und sittliche Wiedergeburt in der und durch die sozialistische Gesellschaft erfolgen wird?

Der Weltkrieg, der Allesvernichter und Alleserneuerer, hat das Endziel weiter und weiter hinausgerückt — trotz Marx und Kautsky. Es gibt allerdings Neunmalweise, die sagen: Wer weiß, was hinter dem Kriege schlummert! Wer weiß, ob nicht dann — wenn die beteiligten Völker unter den furchtbaren Kriegslasten und Opfern zusammenbrechen — die soziale Revolution und die Aufrichtung der sozialistischen Gesellschaft doch noch kommt!?

Diesen frommen Leuten sei die Antwort: Die Sozialdemokratie hat ungeachtet aller internationalen und revolutionären Phasen längst die Antwort gefunden, indem sie laut und unerschrocken sich auf die Seite des bedrohten Vaterlandes stellte, das sie nicht weniger treu und tapfer verteidigen helfen will, als je ein politisch anders gesinnter deutscher Patriot es tun konnte. Doch davon im nächsten Kapitel!

Vaterland und Sozialdemokratie

Seit Jahren schon war der politische Horizont in Europa verfinstert. Die Balkankriege der letzten Jahre vermehrten die Befürchtungen, daß die kontinentalen Großmächte und England in den Wirbel eines Weltkrieges hineingerissen werden könnten. Letzterer wäre früher oder später auch ohne die traurigen Ereignisse in Serajewo ausgebrochen. Die Sozialdemokratie, wenigstens ihre leitenden Köpfe, bemühten sich, gestützt auf ihre Programmforderung (Schlichtung aller internationaler Streitigkeiten durch Schiedsgerichte) für den Frieden zu propagieren. Der eigentliche Inspirator der Baseler Friedenskonferenz (1913), an der sich namentlich deutsche und französische Parlamentarier beteiligten, war ja, soviel ich weiß, Dr. Frank, der nun auf französischem Boden den ewigen Schlaf schläft. In einem Brief an Dr. Südekum erklärt er, daß, wenn er sich als Kriegfreiwilliger stelle, daraus hervorgehen solle, daß die Stellung seiner Fraktion, das bedrohte Vaterland zu verteidigen und die Mittel zu bewilligen, nicht aus taktischen, sondern aus ideell-materiellen Gründen erfolgt sei.

Ich bin überzeugt, alle, alle werden mit Spannung auf die Stellung der Sozialdemokratie geblickt haben, als es sich um die Bewilligung der Milliardenkredite durch den deutschen Reichstag handelte. Ich darf sogar sagen, auch ohne des

Kaisers denkwürdige Worte, daß er jetzt nur noch Deutsche kenne, würde die Haltung der Sozialdemokratie keine andere gewesen sein. In der „internationalen" Sozialdemokratie erwachte die **deutsche** so sehr, und so sehr war sie von der Sache des Rechtes auf ihrer Seite überzeugt, daß es kein Schwanken geben konnte. Bebels Äußerung, daß er, wenn Rußland der angreifende Teil sei, selbst die Flinte auf die Schulter nehmen würde, ist bekannt.

Ein anderes kam hinzu.

Wenn wir von der Gründung der Sozialdemokratie ab rechnen (1863), dann beweist deren Entwicklungsgang seit rund 50 Jahren, daß der **sozialreformatorische und realpolitische Zug stärker und stärker wurde**. Es galt eben nicht nur die Verteidigung des Vaterlandes, mit dessen Kultur und Blüte die Sozialdemokratie und die gesamte Arbeiterbewegung innig verknüpft ist, es galt gleichzeitig die Verteidigung der ideellen und materiellen Einrichtungen, die sie sich im Laufe von 50 Jahren geschaffen und ausgebaut hatte.

Welcher Unterschied zwischen 1870 und 1914!

Als am 21. Juli 1870 über die Kriegsanleihe von 120 Millionen Talern abgestimmt wurde, stimmte der gesamte Reichstag dafür. Bebel und Liebknecht aber **enthielten** sich der Abstimmung mit folgender Motivierung:

„Als prinzipielle Gegner jedes dynastischen Krieges, als Sozialrepublikaner und Mitglieder der internationalen Arbeiterassoziation, die ohne Unterschied der Nationalität alle Unterdrücker bekämpft, alle Unterdrückten zu einen großen Bruderbunde zu vereinigen sucht, können wir uns weder direkt noch indirekt für den gegenwärtigen Krieg erklären und enthalten uns daher der Abstimmung."

Im Gegensatz zu ihnen hatten die L a s s a l l i a n e r geschlossen f ü r die Kriegsanleihe gestimmt und damit bewiesen, daß sie das Vaterland nicht wehrlos machen wollten. Bebel und Liebknecht sind wegen ihrer Haltung ja auch selbst in den eigenen Reihen angegriffen worden. Immerhin war die Sache doch nicht so schlimm. Die paar Mann konnten sich schon vor der Geschichte der Verantwortung entziehen, auf sie kam es ja schließlich nicht an.

Übrigens haben Bebel und Liebknecht in mannigfacher Weise für ihre Haltung schwer büßen müssen. Bezeichnend ist, daß beide in ihrer Ablehnungsbegründung das „internationale" Moment betonen und darauf verweisen, daß sie „Sozialrepublikaner" seien.

Man möchte lächeln, wenn man ihre Haltung vergleicht mit der ihrer Freunde von 1914. Haase-Königsberg gab am 4. August 1914 folgende Erklärung namens seiner Fraktion ab (da es sich um ein historisches Dokument handelt möge es dieser Schrift einverleibt werden):

„Wir stehen vor einer Schicksalsstunde. Die Folgen der imperialistischen Politik, durch die eine Ära des Wettrüstens herbeigeführt wurde, und die Gegensätze zwischen den Völkern verschärften, sind wie eine Sturmflut über Europa hereingebrochen. Die Verantwortung hierfür fällt den Trägern dieser Politik zu. Wir lehnen sie ab. Die Sozialdemokraten haben diese verhängnisvolle Entwicklung mit allen Kräften bekämpft, und noch bis in die letzten Stunden hinein haben sie durch machtvolle Kundgebungen mit den französischen Brüdern (Beifall der Sozialdemokraten) für Aufrechterhaltung des Friedens gewirkt. Ihre Anstrengungen sind vergeblich gewesen. Jetzt stehen wir vor der ehernen Tatsache des Krieges. Uns drohen die Schrecknisse feindlicher Invasionen. Nicht für oder gegen den Krieg haben wir heute zu entscheiden, sondern über die Frage der für die Verteidigung des Landes erforderlichen Mittel. Nun haben wir zu denken an die Millionen Volksgenossen, die ohne ihre Schuld in dieses Verhängnis hineingerissen sind. Sie werden von den Verheerungen des Krieges am schwersten getroffen. Unsere heißen Wünsche begleiten unsere zu den Fahnen gerufenen Brüder, ohne Unterschied der Partei. (Lebhafter Beifall.) Wir denken auch an die Mütter, die ihre Söhne hergeben müssen, an die Frauen und Kinder, die ihres Ernährers beraubt sind, denen zu der Angst um ihr Leben die Schrecken des Hungers drohen. Zu ihnen werden sich bald noch viele Tausende Verwundeter und verstümmelter Kämpfer gesellen. Ihnen allen beizustehen, ihr Schicksal zu erleichtern, diese unermeßliche Not zu lindern, erachten wir für eine zwingende Pflicht. (Lebhafter Beifall.) Für unser Volk und seine freiheitliche Zukunft steht bei einem Siege des russischen Despotismus, der sich mit dem Blute der Besten des eigenen Volkes befleckt hat, viel, wenn nicht alles auf dem Spiele. (Stürmischer Beifall.) Es gilt, diese Gefahr abzuwehren, die Kultur und die Unabhängigkeit unseres eigenen Landes sicherzustellen. (Lebhafter Beifall.) Das machen wir wahr, was wir immer betont haben: **Wir lassen in der Stunde der Gefahr das Vaterland nicht im Stich.** (Lebhafte Beifallskundgebungen.) Wir fühlen uns dabei im Einklang mit der Internationale, die das Recht jedes Volkes auf nationale Selbständigkeit und Selbstverteidigung jederzeit anerkannt hat, wie wir in Übereinstimmung mit ihr jeden Eroberungskrieg verurteilen. Wir fordern, daß dem Kriege, sobald das Ziel der Sicherheit erreicht ist und die Gegner zum Frieden geneigt sind, ein Ende gemacht wird durch einen Frieden, der die Freundschaft mit den Nachbarvölkern ermöglicht. Wir fordern dies nicht nur im Interesse der von uns stets verfochtenen internationalen Solidarität, sondern auch im Interesse des deutschen Volkes. Von diesen Grundsätzen geleitet, bewilligen wir die geforderten Kredite. (Lebhafter Beifall auf allen Seiten des Hauses.)."

Auch Haase erwähnt die „Internationale", läßt aber seine und seiner Freunde Grundanschauung, daß sie „Sozialrepublikaner" seien, hübsch aus dem Spiel. Was hat denn das auch damit zu tun, wenn es sich um die Verteidigung der deutschen Kultur handelt! Daß natürlich in der Rede Haases manche Anklänge zu finden sind an das gemeinsame Band, das die Proletarier aller Länder verknüpft, ist verständlich und nicht zu vermeiden. Daß die Sozialdemokratie den „imperialistischen" Krieg ablehnt, kann ihr nicht verübelt werden, um so weniger, als sie sich aus Kräften dieser

Entwicklung entgegengestellt hat. Ihre Haltung vom 4. August 1914 hat sie bestätigt im Dezember 1914, wo es sich um weitere Milliardenkredite handelte. Daß die Haltung der Sozialdemokratie im Reichstage der Stimmung aller Volksschichten entsprach, daß sie überall auf tiefstes Verständnis in den sozialdemokratischen und gewerkschaftlichen Organisationen stieß, ist inzwischen tausendfach bestätigt worden. Aber was ich hier beweisen möchte, ist die Tatsache, daß die Haltung der Sozialdemokratie zum Weltkrieg nur verständlich wird, wenn man ihre Geschichte und Entwicklung von den ersten Anfängen an verfolgt und objektiv sich ein Urteil bildet. Alle Anklagen gegen die Sozialdemokratie, daß sie vaterlandslos sei, fallen damit glatt zu Boden. Ich behaupte sogar, die Sozialdemokratie ist trotz gelegentlicher Tiraden nie vaterlandslos gewesen. Eine gewaltige Zeit mußte aber erst am Horizont heraufsteigen, um zu fühlen, daß das nationale Band, das den Sozialdemokraten wie mit tausend Fäden an den Staat knüpft, unzerreißbarer ist, als alle internationalen Verbrüderungsversuche. Die französischen, belgischen und sonstigen Sozialisten anderer Länder haben den deutschen Sozialisten ihre einmütige Haltung schwer verdacht. Wenn die internationale Solidarität von jemandem beachtet wurde, dann gerade von der deutschen Sozialdemokratie, die, wenn Not an Mann war, überall und gern eingriff und ihre mit schwerer Mühe gesammelten Mittel für Streiks und Aussperrungen in anderen Ländern zur Verfügung stellte. Ein Vorwurf kann also die deutsche Sozialdemokratie nicht treffen.

Das ist auch die geringste Sorge, die sich die Sozialdemokratie zu machen braucht.

Es ist wahr, jetzt nach acht Monaten Krieg machen sich innerhalb der Partei einige Leute bemerkbar, die beweisen wollen, daß die weitere Bewilligung von Mitteln nicht notwendig war und ferner nicht sein wird. Zu ihnen gehört auch merkwürdigerweise Eduard Bernstein*). Mir scheint fast, als ob er starken englischen Einflüssen erlegen ist und sich dadurch den Blick trüben ließ über die harten Notwendigkeiten, vor denen wir alle stehen und die wir überwinden müssen. Das Ziel der Sicherheit ist noch nicht erreicht, die Friedensschalmeien sind gewiß schön, aber solange sie sich nicht verdichten zu in die frische Tat umzusetzenden Anträgen und Vorschlägen, solange müssen wir durchhalten. Man beklagt sich an einigen Stellen darüber, daß die Presse gedrückt werde, daß sie nicht imstande sei, ihre Meinung ungeschminkt zum Ausdruck zu bringen. Gewiß — das ist zu bedauern, aber nicht zu ändern. Ganz abgesehen davon, daß man aus der Not eine Tugend machen soll, sind die

---

*) In verschiedenen Nummern der „Gleichheit" (Nr. 9 und 10, 1915) will Ed. Bernstein über den englischen Radikalismus und den Krieg den Nachweis erbringen, daß diejenigen Politiker (z. B. Bright, Campbell-Bannermann, John Burns) von der Nation als die größten Patrioten geschätzt wurden, die sich jedesmal gegen den jeweiligen Krieg erklärten. Ich meine, diese Dinge lassen sich nicht einfach auch auf diesen Weltkrieg übertragen. Für England handelte es sich jedesmal um Kolonialkriege, die nicht über Sein oder Nichtsein der englischen Nation entschieden. Wo sind heute in England diejenigen, die laut gegen die englische Kriegspolitik protestieren? Sie machen alle mit — von den Konservativen bis zu den Sozialdemokraten.

gegenwärtigen Verhältnisse nicht dazu angetan – über alles und jedes zu plaudern und sich zu entrüsten. In den feindlichen Ländern – selbst in England! – wird die Zensur nicht milder gehandhabt. Das sollte auch uns zu denken geben. Wir müssen also in unserer Not durchhalten. Die Gewerkschaftspresse, die überhaupt in diesem Kriege viel eindringlicher und überzeugender die Notwendigkeit des Durchhaltens betont, als ein Teil der sozialdemokratischen Presse — sie weiß warum, sie weiß, daß durch feindliche Invasionen der ganze Bau der Arbeiterbewegung, die ihr Stolz und ihre frohe Zukunft ist, in Trümmer gehen kann. So schrieb ein hervorragender Gewerkschaftsführer, der im Schützengraben liegt:

„Deinen im Schreiben vom 9. 12. 1914 entwickelten Ansichten kann ich mich im allgemeinen anschließen, **besonders die Notwendigkeit der Bewilligung der Kriegskredite scheint mir schlagend dargetan. Was mich aber ein wenig wundert, ist die Tatsache, daß Ihr Euch mit solchen Beweisen überhaupt abquälen müßt.** Vielleicht denken und empfinden wir, die wir im Felde stehen, ein wenig anders als gewisse Maulhelden und Prahlhänse, die mit fein geputzten Stiefeln daheim hinter dem Schreibtisch sitzen und das Bedürfnis empfinden, der kommenden Mit- und Nachwelt ihre verschrobenen Ideen mit großartiger Pose vorzutragen, damit ihre werte Person nur ja nicht vergessen werde. Gewiß haben wir den Krieg nicht gewollt, **aber nun er einmal gegen unsern**

Willen da ist, können wir nicht mit den Händen in den Hosentaschen zusehen, als ob uns die Sache nichts anginge, sondern wir müssen alles tun, um in dem uns aufgezwungenen Kampf S i e g e r zu bleiben! Wer das unsägliche Elend der Bevölkerung in den Gebieten kennt, in denen der Krieg tobt (von dem oft unersetzlichen Verlust materieller Güter ganz abgesehen), der bedarf keiner weiteren Gründe mehr für die Bewilligung der Kriegskredite, denn er müßte ein Narr sein oder noch Schlimmeres, wenn er nicht alles aufböte, die Schrecken des Krieges möglichst von unseren Grenzen fernzuhalten. Schließlich steht das Wohlergehen unseres eigenen Volkes und damit auch der Arbeiter h ö h e r a l s d i e T r ä u m e u n v e r b e s s e r l i c h e r T r ä u m e r. Vielleicht setzen wir uns nach dem Kriege einmal mit den Leuten auseinander; jetzt wäre das unnötige Zeitverschwendung . . ."

Dieses Schreiben ist durch und durch charakteristisch. Es enthält aber nicht nur die Gedanken= und Stimmungswelt eines Einzelnen, sondern die der A r b e i t e r m a s s e n, die im Felde stehen. Die Träume unverbesserlicher Träumer werden abgetan. U n s e r, d e s d e u t s c h e n V o l k e s S c h i c k s a l u n d s e i n e Z u k u n f t s t e h e n u n s n ä h e r a l s d a s a n d e r e r. Wir dürfen nicht wehrlos dastehen, wenn wir überfallen werden. Nicht minder energisch schrieb das „Korrespondenzblatt der Generalkommission der Gewerk= schaften Deutschlands" um die Jahreswende in Nr. 1, 15:

„Die gegenwärtige Jahreswende bildet ein Pünktchen, ein Inselchen im Strome kriegerischer Ereignisse, deren

Ausgang vorläufig noch nicht abzusehen ist. Kein Mensch weiß, ob wir jetzt im Mittelpunkte stehen, ob wir uns dem Ende des Krieges nähern oder noch in den Anfängen längerer Kriegsjahre stecken. Nur eins wissen wir, daß wir durchhalten müssen und durchhalten werden, daß unser Vaterland durch keine Überzahl von Feinden, durch keine Überlegenheit der Waffen und durch keine Aushungerung unterzukriegen ist. Dieses Selbstvertrauen stützt sich nicht allein auf die Stärke unserer Heeresmacht, auf ihre gute Organisation, Ausbildung und Disziplin, sondern vor allem auf die Vaterlandsliebe, in der alle Deutschen ohne Ausnahme einig sind und bereit, für dessen Verteidigung jedes Opfer zu bringen. Mag der Krieg noch Monate oder Jahre dauern, er wird das Volk eher fester zusammenschweißen und seine Kräfte ins Ungeahnte wachsen lassen. Die Hoffnung, daß Deutschland in diesem Ringen schließlich doch noch unterliegen wird, mögen die Feinde getrost aufgeben; eher würden sie selbst verbluten und in den Staub sinken. Deutschland ist es, das am kräftigsten aus diesem Weltkrieg hervorgehen wird . . ."

Deutlicher und schöner läßt sich die Vaterlandsliebe nicht betonen. Die ganze Gewerkschaftspresse hallt wider von ähnlichen Anschauungen und Gefühlen, ein Beweis, daß die moderne Arbeiterbewegung ihren nationalen Platz in entscheidenden, die Lebensfragen der Nation berührenden Fragen sehr wohl auszufüllen weiß. Ich füge hinzu, daß sie ihn innerlich immer innegehabt hat, daß sie, auch wenn sie von der internationalen Gesinnung und Solidarität sprach, doch den nationalen Boden, die nationale Geburt, Erziehung und Gesamtkultur niemals verleugnete. Wenn der Reichskanzler in der Dezembersitzung des Reichstages davon sprach, daß es nach dem Kriege nur noch D e u t s ch e geben dürfe, so wollen wir ihn beim Wort nehmen. An uns soll es nicht fehlen, daß das schöne Wort zur Wahrheit wird.

Zweifellos wird es auch in Zukunft hartnäckige Kämpfe zwischen den Vertretern der Regierung, den bürgerlichen Parteien und der Sozialdemokratie geben. Das schadet aber nichts, wenn nur gewisse Vorbedingungen erfüllt werden; wenn ein Verhältnis der gegenseitigen Achtung besteht und jedermann davon überzeugt ist, daß der andere auch nur das allgemeine Wohl und das Beste des gemeinsamen Vaterlandes erstrebt. Die Regierung und die bürgerlichen Parteien werden begreifen lernen müssen: Man kann ein guter Sozialdemokrat und ein guter Patriot sein. Dafür liefert uns Ferdinand Lassalle den besten Beweis, dessen Erbe wir doch ebenso angetreten haben wie das von Karl Marx, und der unserm Herzen ebenso nahe, vielleicht näher steht als Marx.

MIX
Papier aus verantwortungsvollen Quellen
Paper from responsible sources
FSC® C105338

Printed by Libri Plureos GmbH
in Hamburg, Germany